2025학년도 대학수학능력시험 EBS 모의평가 문제지

영어 영역

제1회

| 성명 | | 수험 번호 | | | | | — | | | | |

○ 문제지의 해당란에 성명과 수험 번호를 정확히 쓰시오.

○ 답안지의 필적 확인란에 다음의 문구를 정자로 기재하시오.

희망을 속삭이는 아침이 밝아오니

○ 답안지의 해당란에 성명과 수험 번호를 쓰고, 또 수험 번호와 답을 정확히 표시하시오.

○ 문항에 따라 배점이 다릅니다. 3점 문항에는 점수가 표시되어 있습니다. 점수 표시가 없는 문항은 모두 2점입니다.

※ 시험이 시작될 때까지 표지를 넘기지 마십시오.

한국교육방송공사

제 3 교시

영어 영역

제1회

1번부터 17번까지는 듣고 답하는 문제입니다. 1번부터 15번까지는 한 번만 들려주고, 16번부터 17번까지는 두 번 들려줍니다. 방송을 잘 듣고 답을 하시기 바랍니다.

1. 다음을 듣고, 여자가 하는 말의 목적으로 가장 적절한 것을 고르시오.　24413-0001

① 가정용 가구 디자인 선택 시 고려할 점을 알려 주려고
② 버려진 가구로 인한 환경 오염의 심각성을 전달하려고
③ 오래된 가구를 새것처럼 바꿔 주는 서비스를 홍보하려고
④ 더 이상 쓰지 않는 가구를 버릴 때 주의할 점을 설명하려고
⑤ 사람들이 버린 가구를 수리해서 판매하는 상점을 소개하려고

2. 대화를 듣고, 남자의 의견으로 가장 적절한 것을 고르시오.　24413-0002

① 수학 실력을 키우려면 기본적인 연산 연습을 꾸준히 해야 한다.
② 친구들과의 협동학습은 수학적 사고력을 향상하는 데 도움이 된다.
③ 수학을 공부할 때 쉬운 문제와 어려운 문제를 섞어 푸는 것이 좋다.
④ 수학을 잘하려면 모르는 문제를 스스로 해결하려는 노력이 필요하다.
⑤ 문제를 많이 풀기보다는 수학 개념에 대한 명확한 이해가 더 중요하다.

3. 다음을 듣고, 여자가 하는 말의 요지로 가장 적절한 것을 고르시오.　24413-0003

① 작가가 솔직하게 쓴 글은 많은 독자의 사랑을 받기 마련이다.
② 작가가 되려면 어떤 생각이든 메모해 놓는 습관을 길러야 한다.
③ 타인의 평가에 귀 기울이는 자세를 가져야 작가로서 성공할 수 있다.
④ 자신의 이름이 적힌 책을 출판하는 경험을 한 번쯤 해 보는 것이 좋다.
⑤ 글을 쓸 때는 다른 사람의 평가를 두려워 말고 원하는 것을 쓰면 된다.

4. 대화를 듣고, 그림에서 대화의 내용과 일치하지 않는 것을 고르시오.　24413-0004

5. 대화를 듣고, 여자가 할 일로 가장 적절한 것을 고르시오.　24413-0005

① 유명 제과점 방문하기　② 부스 설치하는 것 돕기
③ 쿠키 만들 재료 준비하기　④ 소셜 미디어에 홍보 포스터 공유하기
⑤ 학교 게시판에 행사 전단지 부착하기

6. 대화를 듣고, 남자가 지불할 금액을 고르시오. [3점]　24413-0006

① $225　② $250　③ $270　④ $405　⑤ $450

7. 대화를 듣고, 남자가 피아노 강습을 그만두려는 이유를 고르시오.　24413-0007

① 회사 프로젝트로 바빠서　② 이사를 멀리 가게 되어서
③ 학원이 집에서 너무 멀어서　④ 첼로 강습과 병행할 수가 없어서
⑤ 선생님의 강습 스타일이 마음에 들지 않아서

8. 대화를 듣고, Eco Land에 관해 언급되지 않은 것을 고르시오.　24413-0008

① 개장일　② 위치　③ 관람 소요 시간
④ 운영 시간　⑤ 입장료

9. International Dessert Festival에 관한 다음 내용을 듣고, 일치하지 않는 것을 고르시오.　24413-0009

① 다음 주 금요일부터 3일간 열리는 행사이다.
② 10곳의 카페와 디저트 매장에서 동시에 열린다.
③ 티켓을 구매하면 초콜릿과 아이스크림 등을 시식할 수 있다.
④ 전문 디저트 요리사로부터 제빵 기술을 배울 기회가 있다.
⑤ 매일 500장의 티켓을 행사 현장에서 구매할 수 있다.

10. 다음 표를 보면서 대화를 듣고, 두 사람이 구입할 캠핑 의자를 고르시오.　24413-0010

Camping Chairs on Sale

	Model	Weight (kg)	Frame Material	Adjustable Backrest	Color
①	A	1.2	aluminum	×	beige
②	B	2.8	aluminum	○	black
③	C	4.2	steel	○	beige
④	D	4.5	steel	×	black
⑤	E	5.3	wood	○	gray

11. 대화를 듣고, 남자의 마지막 말에 대한 여자의 응답으로 가장 적절한 것을 고르시오.　24413-0011

① Of course. Eventually, the good and bad things balance out.
② I'm sorry to say this, but you should have tried harder.
③ Don't worry. The project will definitely turn out well.
④ Yes, you're the reason for all the good in my life.
⑤ Absolutely not! Maybe you need to take a break.

12. 대화를 듣고, 여자의 마지막 말에 대한 남자의 응답으로 가장 적절한 것을 고르시오.　24413-0012

① Thank you. Let's sign up together tomorrow.
② Too bad. I can't believe you missed the deadline.
③ Right. So, my goal is to complete the 10 km this time.
④ Exactly. Running shorter distances isn't motivating at all.
⑤ Unfortunately, I can't enter this time because of my injury.

13. 대화를 듣고, 남자의 마지막 말에 대한 여자의 응답으로 가장 적절한 것을 고르시오. [3점] 24413-0013

Woman: _____

① I'm sorry, but none of those methods worked in my case.
② Cheer up. I'm sure those methods will help you relieve stress.
③ Thanks. I'll try making those lifestyle changes for my digestion.
④ I disagree. It's more important to take the prescribed medication.
⑤ Correct. A healthy diet is the best way to overcome your symptoms.

14. 대화를 듣고, 여자의 마지막 말에 대한 남자의 응답으로 가장 적절한 것을 고르시오. 24413-0014

Man: _____

① That makes sense. I'll just use a different font.
② Never mind. I already got permission to use this font.
③ Thanks for the tips. I'll add more visuals to my slides.
④ You're correct. I'm sure the audience will like this new font.
⑤ Sure thing. Let me increase the font size to make it easier to read.

15. 다음 상황 설명을 듣고, Mike가 Lily에게 할 말로 가장 적절한 것을 고르시오. [3점] 24413-0015

Mike: _____

① If you're unsatisfied, you can request a refund within a week.
② I'm happy with the new sofa since it was delivered quickly.
③ This sofa is good enough, so why not stick with it?
④ We can select another one to liven up our living room.
⑤ I don't understand why a different model was delivered.

[16~17] 다음을 듣고, 물음에 답하시오.

16. 남자가 하는 말의 주제로 가장 적절한 것은? 24413-0016

① differences between veganism and vegetarianism in terms of diet
② reasons why vegans should be careful when choosing food
③ various goals pursued by people who practice veganism
④ effects of vegetarianism on physical and mental health
⑤ factors that make it difficult to practice veganism

17. 언급된 음식이 아닌 것은? 24413-0017

① eggs   ② cheese   ③ honey
④ bread   ⑤ chocolate

이제 듣기 문제가 끝났습니다. 18번부터는 문제지의 지시에 따라 답을 하시기 바랍니다.

18. 다음 글의 목적으로 가장 적절한 것은? 24413-0018

Dear parents,

I am writing to address a concerning issue about your child's punctuality at school. While I understand students may need to arrive late on occasion, the primary concern is the lack of communication from parents about these late arrivals. It is crucial for effective classroom management that parents promptly notify the school when their child is going to be late. Without this communication, it becomes challenging for us to address and support your child's academic needs adequately. I kindly request your cooperation in promptly informing the school of any future late arrivals. Your collaboration in this matter is vital to ensure the smooth running of our educational programs and the academic success of your child. Thank you for your attention to this matter.

Sincerely,
Carol Williams
Millitown High School Principal

* punctuality: 시간 엄수

① 잦은 지각에 따른 벌점 누적을 통보하려고
② 잦은 지각과 학업 성취의 상관관계를 설명하려고
③ 자녀가 지각하지 않도록 부모의 지도를 부탁하려고
④ 자녀의 지각 사유를 문서로 제출해 줄 것을 당부하려고
⑤ 자녀의 지각을 신속하게 학교에 통보할 것을 요청하려고

19. 다음 글에 드러난 'I'의 심경 변화로 가장 적절한 것은? 24413-0019

In the weird silence of the abandoned mansion, fear gripped my heart like icy fingers. Shadows danced in the air, and every creak echoed like a haunting melody. Then, a sudden gust of wind rattled the windows, sending me into a panic. But just as terror threatened to overwhelm me, a beam of moonlight pierced through the darkness, revealing a forgotten family portrait on the wall. I recognized the familiar faces smiling back at me. In that moment, the mansion felt less like a place of dread and more like a relic of the past. Driven by a new-found interest, I explored the rooms, each one holding a story waiting to be uncovered. The once ominous mansion now felt like a treasure house of secrets, inviting me to discover its past.

* relic: 유물 ** ominous: 불길한

① uneasy → indifferent   ② doubtful → confident
③ annoyed → delighted   ④ frightened → curious
⑤ ashamed → embarrassed

20. 다음 글에서 필자가 주장하는 바로 가장 적절한 것은? 24413-0020

Many mistakes in reasoning are explained by the fact that we are not paying sufficient attention to the situation in which we find ourselves. This is especially true in familiar situations. That very familiarity causes us to make careless judgments about facts right before our eyes. We misread a situation because we are skimming it, when what we should be doing is perusing it. Often, we assume that a familiar situation will be but a repeat performance of a similar situation we've experienced before. But, in the strictest sense, there are no repeat performances. Every situation is unique, and we must be alert to its uniqueness. The phrase "to pay attention" is telling. It reminds us that attention costs something. Attention demands an active, energetic response to every situation, to the persons, places, and things that make up the situation. It is impossible to be truly attentive and passive at the same time. Don't just look, see. Don't just hear, listen.

* peruse: 꼼꼼히 살피다

① 작은 것 때문에 큰 그림을 놓치지 않도록 주의해야 한다.
② 비슷한 상황을 가정하여 동일한 해결 방법을 적용해야 한다.
③ 넓은 시야를 가지려면 기꺼이 새로운 도전을 받아들여야 한다.
④ 갈등을 해소하려면 상대방의 입장을 이해하려고 노력해야 한다.
⑤ 상황의 유일무이함에 주의를 기울여 적극적인 태도로 대처해야 한다.

21. 밑줄 친 a floor rather than just a ceiling이 다음 글에서 의미하는 바로 가장 적절한 것은? [3점] `24413-0021`

The one redeeming feature of (some) homework policies is the limit they place on how much time students will be made to spend on their assignments. For example, the "ten minutes per grade level per night" rule, if taken seriously, is a step in the right direction, at least in districts where even more homework would be assigned. But even if this guideline was intended to restrain excessive assignments for elementary school students, it's often treated as a floor rather than just a ceiling. The adage "an eye for an eye, a tooth for a tooth" was originally meant to place limits on revenge but eventually came to be seen as a demand for it. So the main effect of policies that suggest how much homework students should get is to confirm the expectation that *some* homework will be given on a regular basis, regardless of whether it's appropriate. The discussion is shifted from whether to how much. What may appear to be an enlightened, if modest, reform is actually a way of ensuring that homework for homework's sake continues to be the default.

* redeeming: 결점을 보완하는 ** adage: 속담, 격언

① a view of homework as a tool for connecting families
② a shift from limiting to guaranteeing regular homework
③ restoring the effectiveness of homework as a learning tool
④ providing enough training through homework assignments
⑤ an assessment of the pros and cons of mandatory homework

22. 다음 글의 요지로 가장 적절한 것은? `24413-0022`

Life is movement; this is our destiny. Although we know that we will eventually die, we always hope that we can improve, and create a better culture and a better world for our children. And we don't stop after reproduction: our human nature pushes us towards becoming successful, being greater than we are today. Whether it's for a better salary, a nicer house, a more prestigious job, more free time or new projects, we aim for success. Our genetic program is not just about survival, it's about evolving throughout our lifetime, becoming better. But up doesn't exist without down. Day doesn't exist without night, hot doesn't exist without cold, and pleasure doesn't exist without pain. Down is not just the opposite of up, it is its complement. We need to lie down and sleep at night, in order to get up with energy in the morning.

① 삶은 발전을 지향하지만 그 발전에는 어려움이 수반되기 마련이다.
② 우리의 변화 능력은 계속 바뀌는 상황에 적응하는 데 이롭다.
③ 훈련은 변화 가능성과 성공에 대한 자기 효능감을 높인다.
④ 세상의 모든 것에는 좋은 점과 나쁜 점이 공존한다.
⑤ 쾌락들 사이에는 엄격한 위계질서가 존재한다.

23. 다음 글의 주제로 가장 적절한 것은? `24413-0023`

The temporary use of space not only provides the possibility of spatial expansion through temporary access to new spaces. It also provides the possibility of multiple uses for the same space, a kind of inward and on-site expansion through multiplication. This is particularly the case with the events that unfold in public space. From street traders to weekly markets, from entertainers and protestors to large festivals and mass demonstrations, from moving across the city to lingering in street corners, public space provides the possibility of a flexible and multiple use of space. Multiple use of the same place for different purposes in different times of the day and night expands spatial affordance, offering new possibilities for a variety of activities within the same place, none of which is allowed to become permanent. Space can therefore be adjusted, expanded or contracted according to the different needs and demands, without resorting to a change of property ownership. Multiple use of space becomes a solution to the shortage of space for occasional and contingent activities.

* linger: 오래 머무르다 ** contingent: 임시적인

① benefits of flexible and multiple use of public spaces
② high costs of urbanization and infrastructure development
③ various effects of enhanced sociability created by spatial expansion
④ challenges in space planning for multiple functions and users
⑤ citizen participation as the core of urban regeneration policy

24. 다음 글의 제목으로 가장 적절한 것은? `24413-0024`

Green (or clean) energy are those forms of energy that have small environmental impacts. This idea is particularly contentious to define as it mixes technical characteristics of energy sources such as their emissions and behavioral choices about how we produce or use those energy sources. Clean energy once referred to whether it was clean at its point of use, and was primarily a reference to air quality. However, the vision has expanded to include the entire life cycle, such as extraction and production of the fuel itself (which implies a renewable or nondepletable resource base), processing (which implies a low energy intensity for upgrading and distributing), and at its use (which implies a low carbon intensity and toxicity). But all energy choices have an environmental impact: even clean options like wind energy have effects on land use, and solar energy has impacts from pollution at the mines that produce silicon used in manufacturing photovoltaic panels.

* contentious: 논쟁의 여지가 있는 ** photovoltaic: 광전지의

① Inefficiencies Associated with Extraction and Production of Fuel
② Technologies and Eco-Innovation Towards Greater Sustainability
③ Available Tomorrow: Calculating the Amount of Nondepletable Resources
④ The Dividing Line Between Renewable and Sustainable Energy: Always Clear
⑤ Redefining Clean Energy: Beyond Emissions to Life Cycle Considerations

25. 다음 도표의 내용과 일치하지 <u>않는</u> 것은? 24413-0025

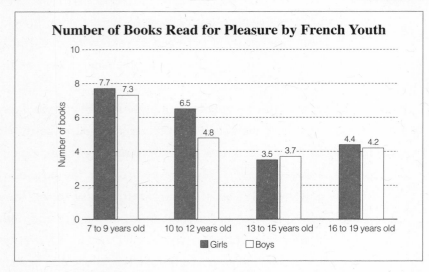

Number of Books Read for Pleasure by French Youth

The graph above shows the number of books read for pleasure by French youth as of March 2024, by age group and gender. ① In every age group except the 13 to 15 age group, girls read more books for pleasure than boys did. ② For both French boys and girls, the number of books read for pleasure was the highest in the group aged 7 to 9 years old, and it was the lowest in the group aged 13 to 15 years old. ③ For both French boys and girls, the number of books read for pleasure by the group aged 7 to 9 years old was more than twice that by the group aged 13 to 15 years old. ④ The gap between the number of books read for pleasure by French boys and girls was the largest in the group aged 10 to 12 years old. ⑤ The gap between the number of books read for pleasure by French boys and girls was the same for the 13 to 15 and 16 to 19 age groups, with boys reading more in the 13 to 15 age group and the opposite in the 16 to 19 age group.

26. Maria Gaetana Agnesi에 관한 다음 글의 내용과 일치하지 <u>않는</u> 것은? 24413-0026

Maria Gaetana Agnesi was an Italian mathematician and philosopher. She was the first woman to write a mathematics handbook. Agnesi was born in Milan on May 16, 1718, to a wealthy and literate family. Maria was recognized as a child genius very early; she could speak both Italian and French at five years of age. By her thirteenth birthday she had acquired Greek, Hebrew, Spanish, German, Latin. She even educated her younger brothers. Pope Benedict XIV appointed Agnesi professor of mathematics at the University of Bologna in 1750, though she never served. After the death of her father in 1752, she devoted herself almost exclusively to charitable work and religious studies. On January 9, 1799, Maria Agnesi died poor and was buried in a mass grave for the poor with fifteen other bodies.

① 수학 안내서를 집필한 최초의 여성이었다.
② 5살 때 이탈리아어와 프랑스어를 모두 구사할 수 있었다.
③ 남동생들을 직접 가르치기도 했다.
④ Bologna 대학의 수학과 교수로 임명받아 근무했다.
⑤ 1752년 이후에는 거의 전적으로 자선 사업과 종교 연구에 전념했다.

27. 2024 Peace Job Fair에 관한 다음 안내문의 내용과 일치하지 <u>않는</u> 것은? 24413-0027

2024 Peace Job Fair

Get ready to take strides towards your dream career at the Peace Job Fair, an event dedicated to fostering unity and promoting opportunities for all.

When & Where:
• Date: Sunday, December 15
• Time: 10 a.m.–5 p.m.
• Location: Civic Stadium

Participation Details:
• Free admission for all job seekers
• Employers from various industries will be present.

Registration:
• Limited spots available: register online quickly at www.peacejobfair2024.com.

Notes:
• Bring copies of your resume and dress professionally.
• Workshops and seminars on career development will be available.
• Refreshments will be provided.

Join us to connect job seekers with opportunities. Let's build bridges to a brighter future together!

① 12월 15일 일요일 오전 10시부터 열린다.
② 모든 구직자는 무료로 입장한다.
③ 다양한 업계의 고용주가 참석한다.
④ 복장과 관련하여 참고할 사항은 없다.
⑤ 경력 개발에 관한 워크숍과 세미나가 준비되어 있다.

28. Sparkle with Silver에 관한 다음 안내문의 내용과 일치하는 것은? 24413-0028

Sparkle with Silver

Are you ready to add a touch of elegance to your life? Join us for a special one-day event of silver jewellery classes tailored for seniors at Parkside Academy.

Program Details:
• Date: Tuesday, October 2
• Special Classes:
  9:00 a.m.–10:00 a.m.: Introduction to Silver Jewellery Making
  10:30 a.m.–11:30 a.m.: Design and Craft Your Own Silver Pendant
  2:00 p.m.–3:00 p.m.: Silver Jewellery Maintenance Tips
• Admission Fee: $5 per person (Includes access to all classes)

Notes
• No prior experience necessary! All our classes are beginner-friendly and suitable for all skill levels.
• All materials will be provided, so just bring your creativity and enthusiasm.
• For more information, visit our website at www.parksideacademy.org.

Unleash your inner artist and create wonderful silver jewellery pieces with us at Parkside Academy's Silver Jewellery Classes. We can't wait to see your masterpieces!

① 이틀 동안 열리는 행사이다.
② 주얼리 유지 관리 강좌는 오전에 열린다.
③ 강좌별로 1인당 5달러의 참가비가 있다.
④ 강좌 관련 사전 경험이 필요하다.
⑤ 모든 재료가 제공된다.

29. 다음 글의 밑줄 친 부분 중, 어법상 틀린 것은? `24413-0029`

Recall, not simple rereading, is the best form of deliberate practice in study. This strategy is also similar to that used by chess masters. These mental wizards internalize board configurations as chunks ①associated with the best next moves in their long-term memory. Those mental structures help them ②select their best option for each move in their current game. The difference between lesser-ranked players and grand masters is that grand masters devote far more time to figuring out ③that their weaknesses are and working to strengthen those areas. It's not as ④easy as just sitting around and playing chess for fun. But in the end, the results can be far more gratifying. Remember, research has shown that the more effort you put into recalling material, the deeper it embeds ⑤itself into your memory.

* configuration: 배치, 구성

30. 다음 글의 밑줄 친 부분 중, 문맥상 낱말의 쓰임이 적절하지 않은 것은? `24413-0030`

Mosquitoes love air humidity. So they feel particularly at home when the warm summer sun rises at dawn over dewy meadows. They're less ①keen on dry air and comfortable heat waves, but there's always somewhere damp for them to escape to in the forest; the humidity is much higher where there is ②constant shade. If you're out walking when it's been particularly rainy and you're after somewhere to stop for a rest, don't sit down in the ③depths of the forest. The ideal spot is at the edge of a clearing, beneath the first trees next to the open air; you'll ④benefit from the drier air while still being able to enjoy some shade. Even better is somewhere with a bit of breeze, because mosquitoes can't stand the wind. So much ⑤easier to steer towards your intended victim when you're constantly being blown away as you try to land.

[31~34] 다음 빈칸에 들어갈 말로 가장 적절한 것을 고르시오.

31. `24413-0031`

If you decided to compare the heights of fair- and dark-haired women, it is obvious that measuring just one fair-haired and one dark-haired woman would be insufficient. If the fair-haired woman was taller, you couldn't generalise from this single observation to tell whether fair-haired women are on average taller than dark-haired ones. The same would be true if you compared a single man and a single woman, or one rat that had been given growth hormone and another that had not. Why is this? The answer is, of course, that in contrast to sub-atomic particles, which are all the same, people (in common with other organisms, organs and cells) are all *different* from each other. In other words, they show _____, so no one person or cell or experimentally treated organism is typical. It is to get over this problem that biologists have to do so much work and have to use statistics.

① variability   ② uniformity   ③ convergence
④ generalization   ⑤ regressiveness

32. `24413-0032`

The relationship between host and guest is a good illustration of the Hegelian idea that identities are formed in a relationship of reciprocity; one cannot exist without the other. As Plato said, we are not entirely self-sufficient and we have forged ourselves in an "exchange consisting of giving and receiving." Our identity is not a given. Being a person means occupying a place that would not exist without a space where others can occupy their own space. The same can be said with understanding a language: we cannot know if we understand it if we do not know if others can. We are not emitters of encrypted signals or receivers of anonymous messages, but rather speaking beings who know what we want to say at the same time and to the extent that our words are understood by others. The discovery of self is _____. [3점]

* reciprocity: 상호성 ** encrypted: 암호화된 *** anonymous: 익명의

① an intersubjective act
② a lifelong process that never ends
③ a dialogue reflecting different ideologies
④ the key to success and development in life
⑤ the first step toward living the life we truly desire

33. It is not the thing believed in that brings an answer to man's prayer; the answer to prayer results when the individual's subconscious mind responds to the mental picture or thought in his mind. This law of belief is operating in all religions of the world and is the reason why they are psychologically true. The Buddhist, the Christian, the Moslem, and the Hebrew all may get answers to their prayers, not because of the particular creed, religion, affiliation, ritual, ceremony, formula, sacrifices, or offerings, but solely because of belief or mental acceptance and receptivity about that for which they pray. The law of life is the law of belief, and belief could be summed up briefly as a thought in your mind. As a man thinks, feels, and believes, so is the condition of his mind, body, and circumstances. A technique, a methodology based on an understanding of what you are doing and why you are doing it will help you to bring about a subconscious embodiment of all the good things of life. Essentially, answered prayer _____. [3점]

* creed: 신조

① begins with changes in us
② takes the form of a miracle
③ lies within the act of helping others
④ is the realization of your heart's desire
⑤ is not the end but rather the means of achieving it

34. Descartes had come to believe that the beliefs of his time were based more on custom and example, rather than on certain knowledge. Sceptics were arguing that our senses can, and often do, deceive us, and so it was not possible to arrive at any firm knowledge of the world. To confront the problem of doubt, therefore, Descartes had to start from denying the validity of all that he was taught at school, to start thinking afresh, to see if he could find a reliable new foundation for belief and action that could overcome the sceptics' argument. His great discovery was that while we can doubt the senses, we _____. Even if everything that entered my mind was no more than illusions of my dreams, there was no doubt that 'I who thought thus must be something… I think, therefore I am'. This was the first principle of philosophy that he was seeking. Although he used this principle to prove the existence of God, his approach brought the centre of gravity firmly into the human mind. [3점]

* sceptic: 회의론자

① really know very little about ourselves
② cannot doubt the existence of the doubter
③ must deny the knowledge built in our minds
④ should ask ourselves what we truly know about reality
⑤ sometimes suspect things are more complicated than they are

35. 다음 글에서 전체 흐름과 관계 <u>없는</u> 문장은?

Science is a process for producing knowledge. The process depends both on making careful observations of phenomena and on inventing theories for making sense out of those observations. ① Change in knowledge is inevitable because new observations may challenge prevailing theories. ② No matter how well one theory explains a set of observations, it is possible that another theory may fit just as well or better, or may fit a still wider range of observations. ③ In science, the testing and improving and occasional discarding of theories, whether new or old, go on all the time. ④ Some Scientists believe that through the use of the intellect, and with the aid of instruments that extend the senses, people can discover patterns in all of nature. ⑤ Scientists assume that even if there is no way to secure complete and absolute truth, increasingly accurate approximations can be made to account for the world and how it works.

[36~37] 주어진 글 다음에 이어질 글의 순서로 가장 적절한 것을 고르시오.

36.

> Conditioning happens at the subconscious level. As babies and children, we don't consciously decide to store this information; our brain does it for us. Our subconscious mind (*subconscious* literally means below consciousness) stores the neural pathways that formed over time from the repetition of thoughts, behaviors, and other habits.

(A) Over time, a dysregulated nervous system can pave the way for dysfunctional coping mechanisms (substance use, reactivity, self-sabotage, excessive working), insecurity (or an inability to trust ourselves and others), and disconnection. When this happens, we don't feel safe in our own bodies, so we find ways to leave that threatening terrain.

(B) If our first relationships were safe, secure, and predictable, our nervous system is typically *resilient* and able to recover from stressful experiences. If our first relationships were not safe, our nervous system becomes hypervigilant, always anticipating danger.

(C) It's not just our minds that store our conditioning, our body does, too. Our nervous system begins to form around six weeks in utero and continues to develop until the age of twenty-five. Our home environment and the relationships we experience within that environment actually influence the way our nervous system develops.

* self-sabotage: 자기 파괴 ** hypervigilant: 초긴장의 *** in utero: 자궁 내에[내의]

① (A) − (C) − (B)   ② (B) − (A) − (C)   ③ (B) − (C) − (A)
④ (C) − (A) − (B)   ⑤ (C) − (B) − (A)

37.

24413-0037

We are taught from an early age to respect others' physical stuff. That respect is consistent with an instinct rooted in the most primitive parts of our brains. Bulldogs, birds, and bears know to stay off others' territories. But our intuition feels different for something intangible, like an idea.

(A) Even the term *intellectual property* is part of this battle. Copyright, patent, and trademark lawyers made up the phrase to piggyback their clients' concerns onto our intuitions about physical stuff. They know that for our primitive selves, copyright is not property.

(B) As one study found, if you hear "that's mine" coming from a young preschooler, "you can be fairly sure someone stole their toy or their food, and not their joke, story, or song." Perhaps streaming just doesn't activate the same primitive, territorial part of our brains. And maybe this is why sharing passwords doesn't feel wrong, morally or legally.

(C) Content owners understand this. They have been trying, with limited success, to change how we feel about digital stuff and make it seem more like hard, physical stuff. Hence the scary-looking notices at the start of DVDs from Interpol and the strong warnings at the start of every movie that "piracy is not a victimless crime." [3점]

* intangible: 무형의 ** piggyback: 편승시키다

① (A) − (C) − (B) ② (B) − (A) − (C) ③ (B) − (C) − (A)
④ (C) − (A) − (B) ⑤ (C) − (B) − (A)

[38~39] 글의 흐름으로 보아, 주어진 문장이 들어가기에 가장 적절한 곳을 고르시오.

38.

24413-0038

Beauty, however, is not so simple that it can be pointed out with certainty to everyone.

Will going to museums improve recognition of what is beautiful? It is not an answer, but one place to start. A museum is one of many places where a student can be exposed to beauty and compare it with other places, shopping individually for beauty. (①) Beauty is often pointed out by museum guides, or selected by curators' choices. (②) Learning in an art class is not a subject of indoctrination, it is a place to discuss, raise questions, and express doubts. (③) Beauty has to be sensitively conveyed as something that is perceived differently by everyone, something that changes in the eyes of the art world, in the minds, collections, and taste of individuals. (④) One learns in an art class that beauty is not static, that what is considered beautiful now may be judged by critics to be ugly tomorrow. (⑤) Students learn, for example, how fashion, trends, and the times call everything into question, as public and individual taste, opinion, and interest are subject to growth, revision, and change.

* indoctrination: (사상 등의) 주입, 세뇌

39.

24413-0039

Their sizes depend delicately upon the angle at which the hand cuts the water and then sweeps backward through it.

Freestyle swimmers must overcome many forms of resistance offered by the water in their quest to move as swiftly as possible down the length of the pool. (①) Unlike runners or cyclists, swimmers don't propel themselves by pushing off solid objects, like pedals or the ground, except momentarily at the start and the turns. (②) More than 85% of the front-crawl swimmer's thrust comes from the work done by the arms and hands, and the speeds achieved are roughly four times smaller than those for runners over the same distance. (③) The hand acts like a hydrofoil in the water, generating lift but also creating drag, and both of these contrary forces are proportional to the density of the water, the swimmer's speed, and the surface area of the hand. (④) The lift pushes upward and the drag opposes the forward motion. (⑤) There is much room for coaching input and careful optimization of the swimming stroke. [3점]

* hydrofoil: 수중 날개

40. 다음 글의 내용을 한 문장으로 요약하고자 한다. 빈칸 (A), (B)에 들어갈 말로 가장 적절한 것은?

24413-0040

A business manager may be content when things are going smoothly. There is no need to alter anything because there is no immediate problem to be solved. It may be that the market—as with shipbuilding—is quietly slipping away from him but until he perceives that in a tangible way, there is nothing he can react to. We never see any need for altering things that are running smoothly. There are no problems so why should we create some. The projective thinker would not sit and wait for problems. He would look at the strengths of what was being done and try to build on them. He would continually be trying to improve the methods, simplifying them and making them more effective. He would not be content just to run the machine as it was and to wait for problems to arise so he could apply his reactive thinking. In government and in administration of every kind we suffer too much from thinkers who have been trained only to be reactive. The projective leader leads into the future; the reactive leader backs into the future relying on drift and crisis management.

* tangible: 가시적인, 유형의

↓

There is a difference between projective and reactive approaches in business management, with projective leaders constantly seeking ____(A)____, while reactive ones relying on crisis management and lacking ____(B)____.

	(A)	(B)
①	stability	coordination
②	stability	efficiency
③	knowledge	strategies
④	improvement	prioritization
⑤	improvement	foresight

[41~42] 다음 글을 읽고, 물음에 답하시오.

Our economy's version of "more is better" is "growth is good." Modern economics (a) worships growth. Growth will solve poverty, the theory goes. Growth will increase our standard of living. Growth will reduce unemployment. Growth will keep us apace with inflation. Growth will relieve the boredom of the rich and the misery of the poor. Growth will increase the GDP, boost the Dow, and beat our global competitors. A rising tide lifts all boats, right?

What we overlook is that all the feedstock for economic growth comes from nature, and even under the best of circumstances, nature is not infinitely (b) abundant. Resources can and do run out.

There are limits in nature. At a physical level, nothing grows forever. Every plant and every animal has a life cycle. Once it reaches an optimal size it (c) stops growing bigger, investing life energy instead in its survival and reproduction. We also know that every population of plants or animals reaches a maximum number, based on the (d) finite resources of energy, food, water, soil, and air, and then begins to stabilize or decrease in size. There always comes a point where the individual or the specific population either collapses or dies off due to lack of resources, or stabilizes at a level that the environment can handle.

By (e) valuing this fundamental reality of the natural world, we as individuals—and our economy—are now exceeding the earth's capacity to handle our demands, as Earth Overshoot Day vividly demonstrates.

* feedstock: 공급 원료

41. 윗글의 제목으로 가장 적절한 것은? `24413-0041`

① More Is Better: A Formula for Happiness
② Explore Economics Through the Lens of Scarcity
③ What the Growth Myth Misses: The Limits of Nature
④ Your Appetite for Things Will Change As You Grow
⑤ Our Failure to Change: Not from a Lack of Warning

42. 밑줄 친 (a)~(e) 중에서 문맥상 낱말의 쓰임이 적절하지 <u>않은</u> 것은? [3점] `24413-0042`

① (a) ② (b) ③ (c) ④ (d) ⑤ (e)

[43~45] 다음 글을 읽고, 물음에 답하시오.

(A)

Mike Brown, a curious and adventurous two-year-old boy living on North Wind Street, was supposed to play in his own yard, but there were such interesting things outside his yard that he was always stepping out to take a peek. Today the interesting thing was the Lings' turtles. Mr. Ling had just set their turtle cage in his sunny front window. Mike loved the turtles. (a) He liked to chase such small funny little things, ducking their heads in and out of their shells!

* take a peek: 몰래 엿보다

(B)

When Mike sat on it, it went squish! And Mike sank through to the ground! "Eek!" he said. The sensation was oddly comforting, like being wrapped in a chilly, fluffy blanket. Then (b) he thought how nice this soft snow would be for rolling, so he rolled and rolled down the slope of Mr. Apricot's yard until he was completely covered by the snow.

* squish: 으깨기

(C)

Their presence added a touch of magic to the ordinary street, transforming it into a realm of wonder for young Mike Brown. He went over and watched them until he saw a rabbit hopping through the next door, Mr. Apricot's yard. Then, of course, he had to follow the rabbit to see where it hopped. The rabbit was out of sight before Mike reached Mr. Apricot's yard, so (c) the little boy sat down in a snowbank to rest. The snow had grown very soft in the sun.

(D)

At home his father began to grow concerned. "Mike," he called out, with his voice filled with worry. Mike's trail of footprints in the snow led him out of the yard. In the Lings' yard were his green mittens. Near Mr. Apricot's walk lay his green scarf. "Mike!" called Mr. Brown as he hurried down the hill. Right beside (d) him the churned-up snow rose and gave itself a shake. From inside it, Mike said, "Hi, Daddy!" "My goodness!" Mr. Brown cried, pretending not to know (e) the snowy little figure. "Who are you?" "Mikey Brown," answered Mike. "Well, maybe so," his father laughed, "but you look more like Mikey White to me!"

* churned-up: 휘몰아치는

43. 주어진 글 (A)에 이어질 내용을 순서에 맞게 배열한 것으로 가장 적절한 것은? `24413-0043`

① (B) - (D) - (C) ② (C) - (B) - (D) ③ (C) - (D) - (B)
④ (D) - (B) - (C) ⑤ (D) - (C) - (B)

44. 밑줄 친 (a)~(e) 중에서 가리키는 대상이 나머지 넷과 <u>다른</u> 것은? `24413-0044`

① (a) ② (b) ③ (c) ④ (d) ⑤ (e)

45. 윗글에 관한 내용으로 적절하지 <u>않은</u> 것은? `24413-0045`

① Ling 씨는 햇볕이 잘 드는 앞 창문에 거북이 집을 놓아두었다.
② Mike는 눈 속에서 담요로 싸여 있는 것처럼 편안함을 느꼈다.
③ Mike가 Apricot 씨의 마당에 도착하기 전에 토끼는 자취를 감췄다.
④ 눈 위의 Mike의 발자국을 보고 아버지는 마당 밖으로 나왔다.
⑤ Apricot 씨의 마당에 Mike의 녹색 장갑이 놓여 있었다.

* 확인 사항
○ 답안지의 해당란에 필요한 내용을 정확히 기입(표기)했는지 확인하시오.

제 1 회

정답

1	③	2	④	3	⑤	4	⑤	5	④
6	③	7	④	8	④	9	⑤	10	③
11	①	12	③	13	③	14	①	15	③
16	①	17	④	18	⑤	19	④	20	⑤
21	②	22	①	23	①	24	⑤	25	③
26	④	27	④	28	⑤	29	③	30	⑤
31	①	32	①	33	④	34	②	35	④
36	⑤	37	③	38	②	39	⑤	40	⑤
41	③	42	⑤	43	②	44	④	45	⑤

해 설

1.
정답 ③

[소재] 오래된 가구를 새것처럼 바꿔 주는 서비스

W: Hello, everyone. If you have old, worn-out furniture at home and you'd rather not just throw it away, then contact our furniture renovation service, All New Furniture. Whether it's a cabinet or a sofa, we can completely redesign it to look brand-new. Not only will your furniture look more stylish, but it'll also help protect the environment. Visit our website to see examples of our work, and if you find a design you like, upload a photo of your old furniture that you'd like to give a new life to. We'll get back to you as soon as possible. Don't throw out your furniture—make it new again with All New Furniture!

[해석]
여: 안녕하세요, 여러분. 집에 오래되고 낡은 가구가 있는데 그것을 그냥 버리고 싶지 않다면, 우리의 가구 수리 서비스인 All New Furniture에 연락하세요. 수납장이든 소파든 우리는 그것이 새것처럼 보이도록 완전히 다시 디자인할 수 있습니다. 여러분의 가구는 더욱 세련되게 보일 뿐만 아니라 환경 보호에도 도움이 될 것입니다. 우리 웹사이트를 방문하여 우리의 작업 사례들을 보시고, 마음에 드는 디자인을 찾으면 새로운 생명을 주고 싶은 여러분의 오래된 가구 사진을 올려 주세요. 최대한 빨리 여러분에게 다시 연락드리겠습니다. 가구를 버리지 말고 All New Furniture와 함께 그것을 다시 새것으로 만드세요!

[해설]
여자는 오래되고 낡은 가구를 새것처럼 보이게 다시 디자인을 해 주는 가구 수리 서비스를 홍보하면서, 웹사이트에서 작업 사례를 보고 디자인을 선택한 뒤 바꾸고 싶은 가구의 사진을 올려 달라고 말하고 있다. 따라서 여자가 하는 말의 목적으로 가장 적절한 것은 ③이다.

[어휘 및 어구]
- worn-out 낡은, 닳고 닳은
- throw away ~을 버리다
- renovation 수리, 보수
- cabinet 수납장
- completely 완전히
- brand-new 아주 새로운

2.
정답 ④

[소재] 수학 문제를 스스로 풀려는 노력의 중요성

M: Amy, you seem down today. Is something wrong?

W: Hi, William. I just got my report card, and I got the same low grade in math again.

M: Hmm, how much do you study math?

W: I work on math problems at least for an hour every day. Maybe there's a problem with the way I study.

M: What do you do if you can't solve a problem?

W: I check the solution in the back of the book.

M: What if you still don't understand it?

W: Then I ask my sister to explain it to me.

M: Hmm, it sounds like you are relying on help too much. If you do that, I don't think you'll ever learn how to solve the problems yourself.

W: You think so?

M: Yes. To truly improve at math, you need to work on solving problems on your own, even if it takes a long time.

W: That makes sense. I'll follow your advice from now on.

M: If you do so, you'll be able to think more deeply and find a clue to the solution, improving your math grade in the end.

[해석]
남: Amy, 너 오늘 우울해 보이는구나. 무슨 일 있니?
여: 안녕, William. 내가 방금 성적표를 받았는데, 수학에서 또 똑같이 낮은 성적을 받았어.
남: 음, 너는 수학을 얼마나 공부하니?
여: 나는 매일 적어도 한 시간 동안 수학 문제를 풀고 있어. 아마 내가 공부하는 방식에 문제가 있는 것 같아.
남: 문제를 풀 수 없으면 너는 어떻게 하니?
여: 책 뒤쪽에 있는 해답을 확인해.
남: 여전히 그것을 이해하지 못하면 어떻게 하니?
여: 그러면 언니에게 그것을 나한테 설명해 달라고 부탁해.
남: 음, 네가 도움에 너무 많이 의존하고 있는 것 같아. 그렇게 하면 네가 스스로 문제를 푸는 방법을 배우게 될 것 같지가 않아.
여: 그렇게 생각하니?
남: 응. 수학에서 진정으로 향상하려면 시간이 오래 걸리더라도 스스로 문제를 풀려고 노력할 필요가 있어.
여: 일리가 있구나. 이제부터 네 조언을 따를게.
남: 그렇게 하면 너는 더 깊이 생각하고 해답에 대한 실마리를 찾을 수 있을 것이고, 결국에는 수학 성적이 향상될 거야.

[해설]
매일 적어도 한 시간씩 수학 문제를 풀지만 수학 성적이 계속 낮아 고민인 여자에게 남자는 모르는 문제가 있을 때마다 책의 해답을 확인하거나 다른 사람에게 도움을 받는 것이 문제라고 설명하면서, 수학 실력을 진정으로 향상하려면 시간이 오래 걸리더라도 스스로 문제를 풀려고 노력할 필요가 있다고 조언하고 있다. 따라서 남자의 의견으로 가장 적절한 것은 ④이다.

[어휘 및 어구]
- down 우울한
- report card 성적표
- grade 성적
- solution 해답
- rely on ~에 의존하다
- clue 실마리, 단서

3.
정답 ⑤

[소재] 글을 쓸 때의 마음가짐

W: Hello, my name is Jane Lawrence, and I'm a writer. Many people want to write but hesitate to start because of fear. They worry about receiving negative feedback, such as comments that their book is boring or the ending doesn't make sense. However, there's no need to fear. The purpose of writing isn't solely to please others but to enjoy the process and share your story. Don't let others' opinions hold you back. Instead, write freely whatever you want. One day, you'll publish a book with your name on it, and that's what truly matters. Thank you for listening.

[해석]
여: 안녕하세요, 제 이름은 Jane Lawrence이고, 저는 작가입니다. 많은 사람이 글을 쓰고 싶지만 두려움 때문에 시작을 망설입니다. 그들은 자신의 책이 지루하거나 결말이 말이 되지 않는다는 지적과 같은 부정적인 피드백을 받는 것을 걱정합니다. 하지만 두려워할 필요는 없습니다. 글쓰기의 목적은 단지 다른 사람을 기쁘게 하는 것이 아니라 그 과정을 즐기고 여러분의 이야기를 공유하는 것입니다. 다른 사람들의 의견이 여러분을 저지하도록 두지 마십시오. 대신, 여러분이 원하는 것은 무엇이든 자유롭게 쓰세요. 언젠가는 여러분의 이름이 적힌 책을 출판하게 될 것이며, 그것이 진정으로 중요한 것입니다. 경청해 주셔서 감사합니다.

[해설]
작가인 여자는 다른 사람들로부터 부정적인 피드백을 받는 것을 두려워해서 글쓰기를 망설이는 사람들에게 두려워하지 말고 원하는 것은 무엇이든 그것을 자유롭게 써 보라고 조언하고 있다. 따라서 여자가 하는 말의 요지로 가장 적절한 것은 ⑤이다.

[어휘 및 어구]
- hesitate 망설이다
- negative 부정적인
- comment 지적, 비판, 논평
- purpose 목적
- solely 단지, 오로지
- hold back ~을 저지[억제]하다
- publish 출판하다
- matter 중요하다, 문제 되다

4.

[소재] 기차 여행

W: Brian, how was your weekend?
M: Hi, Amanda. It was fun. I went on a train tour with my family. Look at this.
W: Wow, what an amazing view! I can see the beautiful sea through the train window.
M: You can also see the sky through the glass ceiling.
W: That's cool. This is your family, right?
M: Yes, my wife and two sons are sitting with me. We turned the seats so we could face each other like this.
W: That's nice. Are those screens on the back of the seats?
M: Yes. When you touch the phrase "Smile Tour," information about the places you pass by appears on the screen.
W: Awesome. Did you buy anything from this woman pushing the cart?
M: Yes, we bought some snacks from her.
W: This seems like something fun I should do with my family.

[해석]
여: Brian, 주말은 어떠셨어요?
남: 안녕하세요, Amanda. 재미있었어요. 저는 가족들과 기차 여행을 갔어요. 이걸 보세요.
여: 와, 정말 놀라운 경치네요! 기차 창문을 통해서 아름다운 바다가 보여요.
남: 유리로 된 천장을 통해서 하늘도 볼 수 있어요.
여: 멋지네요. 이쪽이 당신 가족이군요, 맞죠?
남: 네, 제 아내와 두 아들이 저와 앉아 있어요. 우리는 이것처럼 서로 마주 볼 수 있도록 좌석을 돌렸어요.
여: 그거 좋네요. 좌석 뒤에 저것들은 화면인가요?
남: 네. 'Smile Tour'라는 문구를 터치하면 지나가는 장소에 대한 정보가 화면에 나타나요.
여: 멋지네요. 카트를 밀고 있는 이 여성에게서 뭔가를 사셨나요?
남: 네, 우리는 그녀에게서 간식을 좀 샀어요.
여: 이건 제가 가족이랑 해야만 하는 재미있는 일인 것 같네요.

[해설]
대화에서 여자가 남자에게 카트를 밀고 있는 여성에게서 뭔가를 샀는지 묻자 남자는 그녀에게서 간식을 좀 샀다고 답하는데, 그림에서는 여성이 간식 바구니를 들고 있으므로, 그림에서 대화의 내용과 일치하지 않는 것은 ⑤이다.

[어휘 및 어구]
■ view 경치, 경관
■ ceiling 천장
■ phrase 문구
■ appear 나타나다, 보이기 시작하다

5.

[소재] 벼룩시장에서 쿠키 판매하기

M: Hi, Lisa.
W: Hi, Jack. Are you all set for tomorrow's flea market? I can't wait to taste your cookies.
M: Yeah, I'm getting there. But it's my first time participating in a flea market, so I'm feeling a little nervous.
W: Understandable. Have you finished making all the cookies?
M: Not yet. I've prepared the dough and ingredients. I'm going to bake them after school.

W: What about the booth? Do you need any help setting it up?
M: The market organizer is providing a table and hanging a banner for the booth, so there's nothing I need to do.
W: That's nice.
M: Yeah. By the way, if you don't mind, could you share a promotional poster on your social media? I'm worried not many people will show up.
W: Of course. Just send it to me.
M: Thanks a lot. I'll text you right away.

[해석]
남: 안녕, Lisa.
여: 안녕, Jack. 내일 벼룩시장을 위한 준비는 다 됐니? 네 쿠키를 얼른 맛보고 싶어.
남: 응, 거의 다 해 가. 그런데 내가 벼룩시장에 참여하는 것은 처음이라서 조금 긴장이 되네.
여: 이해가 돼. 쿠키 만들기는 모두 끝냈니?
남: 아직은 아니야. 반죽과 재료를 준비했어. 방과 후에 내가 그것들을 구울 거야.
여: 부스는? 그것을 설치하는 데 어떤 도움이 필요하니?
남: 벼룩시장 주최 측에서 부스에 필요한 테이블을 제공하고 배너를 걸고 있어서 내가 해야 할 일은 아무것도 없어.
여: 그거 좋네.
남: 응. 그런데 괜찮다면 네 소셜 미디어에 홍보 포스터를 공유해 줄 수 있니? 사람들이 많이 오지 않을까 봐 걱정돼.
여: 물론이야. 나에게 그것을 보내만 줘.
남: 정말 고마워. 바로 너에게 문자 보낼게.

[해설]
벼룩시장에서 쿠키를 구워 판매할 예정인 남자에게 여자가 준비 상황을 묻는 상황에서, 남자는 사람이 많이 오지 않을까 봐 걱정돼서 여자의 소셜 미디어에 홍보 포스터를 공유해 달라고 부탁하고 있다. 따라서 여자가 할 일로 가장 적절한 것은 ④이다.

[어휘 및 어구]
■ flea market 벼룩시장
■ dough 반죽
■ ingredient 재료
■ organizer 주최 측, 조직자
■ promotional 홍보의

6.

[소재] 직장 행사에 필요한 바게트 구입

W: Hello, how may I help you, sir?
M: Hello. I'd like to order some baguettes for a work event next Thursday.
W: Okay. Our baguettes come in two sizes. The small ones are $5 each, and the large ones are $9 each.
M: All right. I'd like to order 50 small ones.
W: Do you need them gift-wrapped like this here?
M: Oh, that's nice. How much is that?
W: It's an extra $1 each.
M: Okay. Please gift-wrap them all.
W: All right. Since you're purchasing in bulk, you get a 10% discount on the total price, including the gift-wrapping.
M: Oh, thank you. Here's my credit card. Can I pick them up on Thursday around 10 a.m.?
W: Sure. Just stop by.
M: Thank you very much.

[해석]
여: 안녕하세요, 어떻게 도와드릴까요, 손님?
남: 안녕하세요. 다음 주 목요일 직장 행사에서 쓸 바게트를 좀 주문하고 싶습니다.
여: 네. 저희 바게트는 두 가지 크기로 나옵니다. 작은 것은 개당 5달러이고, 큰 것은 개당 9달러입니다.
남: 알겠습니다. 제가 작은 것 50개를 주문하고 싶습니다.
여: 여기 이것처럼 선물 포장이 필요하신가요?
남: 아, 좋네요. 그것은 얼마인가요?
여: 개당 1달러씩 추가됩니다.
남: 네. 그것들을 모두 선물 포장해 주세요.
여: 알겠습니다. 손님께서 대량으로 구입하시기 때문에 선물 포장을 포함해 총가격에서 10퍼센트 할인을 받으십니다.
남: 아, 감사합니다. 여기 제 신용 카드가 있습니다. 제가 목요일 오전 10시쯤에 그것들을 찾을 수 있을까요?
여: 물론입니다. 들러 주시기만 하세요.
남: 정말 감사합니다.

[해설]
남자는 직장 행사에 쓸 바게트로 개당 5달러인 작은 바게트 50개를 주문하고, 개당 1달러인 선물 포장도 해 달라고 하자, 여자는 남자에게 선물 포장을 포함한 총가격에서 10퍼센트 할인이 제공된다고 말한다. 따라서 남자가 지불할 금액은 ③ '270달러'이다.

[어휘 및 어구]
■ gift-wrap 선물용으로 포장하다
■ purchase 구입하다
■ in bulk 대량으로

7.

[소재] 피아노 강습을 그만두는 이유

[Cell phone rings.]
M: Hi, Betty.
W: Hi, Frank. You're taking piano lessons now, right?
M: Yes. I started right after I moved to this neighborhood.
W: Nice. I've been thinking about taking piano lessons myself. How's your teacher?
M: I recently switched to a new teacher at an academy close to my house. She's really experienced and I like her teaching style.
W: That's great. Maybe I'll register for classes there and have the same teacher as you.
M: Actually, I'm planning to stop soon.
W: Why's that? Too busy with your project at work?
M: That's not it. I want to take cello lessons, and doing both would be too much.
W: I see. I'd like to try out the piano classes anyway. Could you tell me where it's located?
M: Sure. I'll text you the address. You'll enjoy it there.
W: Thanks!

[해석]
[휴대 전화가 울린다.]
남: 안녕, Betty.
여: 안녕, Frank. 너 지금 피아노 강습을 받고 있잖아, 맞지?
남: 응. 내가 이 동네로 이사 온 직후에 시작했어.
여: 좋구나. 나도 피아노 강습을 받을까 생각 중이야. 네 선생님은 어떠니?
남: 나는 최근에 우리 집 근처에 있는 학원에서 새로운 선생님으로 바꿨어. 그녀는 정말 경험이 많고 나는 그녀의 강습 스타일이 좋아.

여: 그거 좋구나. 어쩌면 나는 그곳에서 강습을 등록하고 너와 같은 선생님으로 하게 될지도 몰라.
남: 사실 난 곧 그만둘 계획이야.
여: 왜 그러니? 직장에서 프로젝트로 너무 바쁘니?
남: 그건 아니야. 첼로 강습을 받고 싶은데, 둘 다 하는 것은 너무 많은 것 같아.
여: 그렇구나. 난 어쨌든 피아노 강습을 받아 보고 싶어. 그곳이 어디에 있는지 나에게 알려 줄 수 있니?
남: 물론이야. 주소를 너에게 문자로 보낼게. 그곳에서 강습이 재미있을 거야.
여: 고마워!

[해설]
남자가 받는 피아노 강습에 관해 묻던 여자는 남자와 같은 강습을 받게 될 거 같다고 말한다. 이에 대해 남자는 피아노 강습을 곧 그만둘 계획이라고 하면서, 그 이유로 첼로 강습을 받고 싶은데 둘 다 하는 것은 너무 많은 것 같기 때문이라고 말한다. 따라서 남자가 피아노 강습을 그만두려는 이유는 ④이다.

[어휘 및 어구]
■ neighborhood 동네, 이웃
■ switch to ~으로 바뀌다
■ register for ~에 등록하다

8. 정답 ④

[소재] 새로 개장하는 동물원 Eco Land

M: Honey, look. I found this new zoo called Eco Land online.
W: Oh, I think I've heard about it. We should check it out.
M: Definitely. It's opening next Friday, the 15th. Why don't we go there next Saturday?
W: Sounds like a good idea. By the way, where is it exactly?
M: It's in Lawrence City. It's right next to the folk village we went to before.
W: Good, it's not far. I heard that it's really big.
M: Yes, it's so big that it takes about 4 hours to look around, so we'd better leave early in the morning.
W: Okay. Do you know how much the tickets are?
M: Yeah, they're $30 for adults, and $20 for kids under 12.
W: Not bad. Let's tell the kids about it when they get home.
M: Okay. They'll be so excited.

[해석]
남: 여보, 보세요. 내가 온라인에서 Eco Land라고 불리는 이 새로운 동물원을 발견했어요.
여: 아, 그곳에 대해 들어 본 것 같아요. 그곳을 가 봐야겠네요.
남: 물론이에요. 다음 주 금요일인 15일에 그곳이 개장하네요. 우리가 다음 주 토요일에 거기에 가는 게 어때요?
여: 좋은 생각인 것 같아요. 그런데 그곳이 정확히 어디죠?
남: Lawrence City에 있어요. 우리가 예전에 갔던 민속촌 바로 옆이에요.
여: 좋네요, 멀지 않네요. 그곳이 정말 크다고 들었어요.
남: 네, 그곳이 매우 커서 둘러보는 데 4시간 정도 걸리니까 아침에 일찍 떠나는 게 낫겠네요.
여: 좋아요. 입장권이 얼마인지 알아요?
남: 네, 어른은 30달러이고, 12세 미만 어린이는 20달러예요.
여: 나쁘지 않네요. 아이들이 집에 오면 그것에 대해 말해요.
남: 알겠어요. 아이들은 정말 신이 날 거예요.

[해설]
대화에서 두 사람은 Eco Land에 관해, 개장일(It's opening next Friday, the 15th.), 위치(It's in Lawrence City. It's right next to the folk village we went to before.), 관람 소요 시간(it's so big that it takes about 4 hours to look around), 입장료(they're $30 for adults, and $20 for kids under 12)는 언급하지만, ④ '운영 시간'은 언급하지 않는다.

[어휘 및 어구]
■ exactly 정확히
■ folk village 민속촌
■ look around 둘러보다

9. 정답 ⑤

[소재] 국제 디저트 축제

M: Hello, I'm John Miller, mayor of Wellington. It's a great honor to host the upcoming International Dessert Festival in our city. This year's event will be held over three days, starting next Friday. It'll take place simultaneously at 10 of Wellington's most popular cafés and dessert shops. By purchasing a ticket, you can sample various types of desserts, including pastries, chocolate, and ice cream. In addition, you'll have the opportunity to learn about baking techniques from professional dessert chefs. But only 500 tickets are available on the festival website each day, so don't wait to get yours! I look forward to seeing you there.

[해석]
남: 안녕하세요, 저는 Wellington의 시장인 John Miller입니다. 다가오는 국제 디저트 축제를 우리 도시에서 개최하게 되어 큰 영광입니다. 올해 행사는 다음 주 금요일에 시작해서 3일에 걸쳐 열릴 것입니다. 그것은 10곳의 Wellington의 가장 인기 있는 카페와 디저트 매장에서 동시에 열릴 것입니다. 티켓을 구매하시면 페이스트리, 초콜릿 그리고 아이스크림을 포함한 다양한 종류의 디저트를 시식하실 수 있습니다. 또한, 전문 디저트 요리사로부터 제빵 기술을 배울 기회를 가지실 것입니다. 하지만 매일 500장의 티켓만 축제 웹사이트에서 구매하실 수 있으니, 기다리지 말고 티켓을 구매하시기 바랍니다! 그곳에서 여러분을 뵙기를 기대합니다.

[해설]
매일 500장의 티켓을 축제 웹사이트에서 구매할 수 있다고 언급하고 있으므로, 담화의 내용과 일치하지 않는 것은 ⑤이다.

[어휘 및 어구]
■ mayor 시장
■ upcoming 다가오는, 곧 있을
■ simultaneously 동시에
■ sample 시식하다, 시음하다
■ professional 전문적인, 전문가의

10. 정답 ③

[소재] 캠핑 의자 구입

W: Honey, what are you doing?
M: Do you remember we were planning to buy a new camping chair? There's a "buy one, get one free" promotion going on right now, and I made a list of the chairs within our budget.
W: Let me see. Hmm, I'm not sure about the lightest one. It might not be very stable.

M: You're right. It's probably too light. Let's rule it out.
W: All right. The frames are all made from solid materials.
M: Yeah, but wood may not be the best choice if it rains. Let's not choose that material.
W: Good point. Oh, each of these models has an adjustable backrest. You've mentioned you wished our current chairs had that.
M: We should definitely go for one with an adjustable backrest.
W: Now we're down to these two choices.
M: Which color do you prefer?
W: I don't like black, so let's get the other one.
M: Same here. Then this is the chair we're buying.

[해석]
여: 여보, 뭐 하고 있어요?
남: 우리가 새 캠핑 의자를 구입할 계획이었던 거 기억나요? 지금 진행 중인 '하나 구입하면 하나 무료' 판촉이 있어서 내가 우리의 예산 내에 있는 의자 목록을 만들었어요.
여: 어디 봐요. 음, 가장 가벼운 것은 잘 모르겠어요. 그다지 안정적이지 않을지도 몰라요.
남: 당신 말이 맞아요. 그것은 아마도 너무 가벼워요. 그것은 제외해요.
여: 알겠어요. 프레임은 모두 견고한 재질들로 만들어졌네요.
남: 네, 하지만 비가 온다면 나무는 가장 좋은 선택이 아닐지도 몰라요. 그 재질은 선택하지 말아요.
여: 좋은 지적이에요. 아, 이 모델들 각각은 조절이 가능한 등받이가 있네요. 당신은 우리의 지금 의자에 그것이 있었으면 좋겠다고 했잖아요.
남: 우리는 꼭 조절이 가능한 등받이가 있는 것을 선택해야만 해요.
여: 이제 우리에게 이 두 가지 선택만 남았어요.
남: 어떤 색깔을 더 선호해요?
여: 나는 검은색을 좋아하지 않으니까 다른 것을 구입해요.
남: 나도 마찬가지예요. 그러면 이것이 우리가 구입할 의자예요.

[해설]
두 사람은 캠핑 의자를 구입하려고 하는데, 가장 가벼운 것은 제외하고 나무로 된 것이 아니면서, 조절이 가능한 등받이가 있는 두 가지 가운데, 검은색이 아닌 것을 사기로 한다. 따라서 두 사람이 구입할 캠핑 의자는 ③이다.

[어휘 및 어구]
■ promotion 판촉, 홍보
■ budget 예산
■ stable 안정적인
■ rule out ~을 제외하다, ~을 배제하다
■ solid 견고한, 단단한
■ material 재질, 재료
■ adjustable 조절이 가능한
■ backrest 의자 등받이

11. 정답 ①

[소재] 좋은 일과 나쁜 일의 균형

M: Honey, I've been so stressed lately. Since my work project didn't go well last year, I've felt like nothing good has been happening to me.
W: Cheer up, honey. Last year was tough, but that just means this year will be better.
M: Do you really think so?
W: Of course. Eventually, the good and bad things balance out.

[해석]

남: 여보, 내가 최근에 스트레스를 너무 많이 받았어요. 작년에 내 회사 프로젝트가 잘 진행되지 않은 이후로 어떤 좋은 일도 나에게 일어나지 않는 것 같은 기분이었어요.

여: 힘내요, 여보. 작년에는 힘들었지만 그건 바로 올해는 더 나아질 거라는 의미예요.

남: 정말 그렇게 생각해요?

여: 물론이죠. 결국 좋은 일과 나쁜 일은 균형을 이루잖아요.

[해설]

최근에 스트레스가 심했고, 작년에 프로젝트가 잘 진행되지 않은 이후로 좋은 일이 일어나지 않는 것 같은 기분이었다는 남자에게 여자는 작년에는 힘들었다는 것이 올해는 더 나아질 거라는 의미라고 말한다. 이에 대해 남자가 정말 그렇게 생각하냐고 묻고 있으므로, 여자는 자신의 확신과 그 이유를 표현하는 것이 자연스럽다. 따라서 남자의 마지막 말에 대한 여자의 응답으로 가장 적절한 것은 ①이다.

② 이런 말을 해서 미안하지만, 당신은 더 열심히 노력했어야 해요.

③ 걱정하지 마세요. 그 프로젝트는 분명히 잘될 거예요.

④ 네, 당신은 내 인생에서 모든 좋은 일들에 대한 이유예요.

⑤ 절대로 그렇지 않아요! 아마도 당신은 휴식을 취할 필요가 있어요.

[어휘 및 어구]

■ lately 최근에
■ tough 힘든, 어려운
■ balance out 균형이 잡히다, 맞아떨어지다
■ turn out (일 · 진행 · 결과가 특정 방식으로) 되다

12.　　　　　　　　　　　　　　　　　정답 ③

[소재] 달리기 경주 참가 신청

> W: Evan, are you still thinking about signing up for the race? I decided to do the full race this year.
>
> M: Well, I'm planning to sign up tomorrow, but just for the shorter race.
>
> W: Good idea! You can run a shorter distance this time and eventually do the longer one.
>
> M: Right. So, my goal is to complete the 10 km this time.

[해석]

여: Evan, 여전히 달리기 경주 신청에 관해 생각하고 있니? 나는 올해 풀코스 경주를 하기로 결정했어.

남: 음, 나는 내일 신청할 계획인데 그냥 더 짧은 경주를 신청할 예정이야.

여: 좋은 생각이야! 네가 이번에는 더 짧은 거리를 뛸 수 있고 결국에는 더 긴 거리를 달릴 수 있을 거야.

남: 맞아. 그래서 내 목표가 이번에는 10킬로미터 완주야.

[해설]

풀코스 경주를 신청한 여자와는 달리 남자는 더 짧은 경주를 신청할 예정이라고 말한다. 이에 대해 여자는 좋은 생각이라고 하면서 이번에 더 짧은 거리를 뛰면 결국 더 긴 거리를 달릴 수 있을 거라고 격려하고 있으므로, 남자는 동의와 의지를 표현하는 것이 자연스럽다. 따라서 여자의 마지막 말에 대한 남자의 응답으로 가장 적절한 것은 ③이다.

① 고마워. 내일 같이 신청하자.

② 너무 안타깝네. 네가 마감일을 놓쳤다니 믿을 수가 없어.

④ 맞아. 더 짧은 거리를 달리는 것은 전혀 동기 부여가 되지 않아.

⑤ 아쉽게도 나는 이번에는 부상으로 인해 참가할 수가 없어.

[어휘 및 어구]

■ sign up for ~을 신청하다
■ distance 거리

■ deadline 마감 일자[시간], 기한
■ motivating 동기 부여가 되는
■ injury 부상

13.　　　　　　　　　　　　　　　　　정답 ③

[소재] 소화 불량 해소를 위한 생활 방식 바꾸기

> M: Good morning, Ms. Taylor. How did your hospital visit go yesterday?
>
> W: Hello, Mr. Wilson. It went all right. I'm feeling a bit better, but my digestion is still giving me trouble.
>
> M: I'm sorry to hear that. What did the doctor say about it?
>
> W: He diagnosed it as stress-related indigestion and prescribed some medication.
>
> M: You must be under a lot of pressure at work. I struggled with the same symptoms last year, too.
>
> W: Really? Did you also take medication for it?
>
> M: Yes, but I think making lifestyle changes was just as important.
>
> W: Lifestyle changes? Like what?
>
> M: I started sleeping on my left side. It really helped my digestion.
>
> W: Oh, I heard about that.
>
> M: Also, I now take a short walk after every meal. I feel so much better afterward.
>
> W: Thanks. I'll try making those lifestyle changes for my digestion.

[해석]

남: 좋은 아침이에요, Taylor 씨. 어제 병원에 다녀오신 건 어땠나요?

여: 안녕하세요, Wilson 씨. 괜찮았어요. 몸은 조금 더 나아졌는데 여전히 소화가 저를 힘들게 하네요.

남: 그 말을 들으니 안타깝네요. 그것에 대해 의사는 뭐라고 말했나요?

여: 그분은 그것이 스트레스와 관련된 소화 불량이라고 진단했고 약을 좀 처방했어요.

남: 틀림없이 직장에서 압박감을 많이 느끼시나 봐요. 저도 작년에 같은 증상으로 고생했어요.

여: 정말요? 그거 때문에 약도 드셨어요?

남: 네, 하지만 제 생각에는 생활 방식을 바꾸는 것도 그만큼 중요했어요.

여: 생활 방식의 변화요? 어떤 것처럼요?

남: 저는 왼쪽으로 자기 시작했어요. 그것이 소화에 정말 도움이 됐어요.

여: 아, 저는 그것에 대해 들어 봤어요.

남: 또한 이제 저는 매 식사 후에 짧은 산책을 해요. 그러고 나면 기분이 훨씬 좋아요.

여: 감사드려요. 소화를 위해서 그런 생활 방식의 변화를 시도해 볼게요.

[해설]

소화 불량으로 고생 중인 여자에게 남자는 수면 방식을 바꾸고 식사 후 산책할 것을 조언한다. 이러한 남자의 조언에 대해 여자는 고마움과 자신의 소화를 위한 생활 방식의 변화 의지를 표현하는 것이 자연스럽다. 따라서 남자의 마지막 말에 대한 여자의 응답으로 가장 적절한 것은 ③이다.

① 죄송하지만 제 경우에는 그 방법들 중 어느 것도 효과가 없었어요.

② 힘내세요. 그 방법들이 스트레스를 완화하는 데 도움이 될 거라고 확신해요.

④ 동의하지 않습니다. 처방된 약을 복용하는 것이 더 중요해요.

⑤ 맞습니다. 건강한 식단이 증상들을 극복하는 가장 좋은

방법이에요.

[어휘 및 어구]

■ digestion 소화
■ diagnose 진단하다
■ indigestion 소화 불량
■ prescribe 처방하다
■ medication 약, 약물
■ symptom 증상, 징후
■ relieve 완화하다, 줄이다

14.　　　　　　　　　　　　　　　　　정답 ①

[소재] 허가받지 않은 글꼴을 사용한 발표 자료

> W: Oliver, how is your presentation for the competition going?
>
> M: Hi, Julia. It's going all right. Everyone in my group is working hard.
>
> W: What's your role?
>
> M: I'm in charge of creating the presentation slides. I'm almost done.
>
> W: Oh, can I take a look?
>
> M: Sure. I guess it's about 90% done. I tried to use lots of graphs and visuals to help the audience understand.
>
> W: Oh, it looks great. But, hmm, I've never seen this font before. Where did you get it?
>
> M: I don't remember where I got it. Why? What's wrong with it?
>
> W: It looks like a font that you need a license for. Did you get permission to use it?
>
> M: No. I didn't even know that kind of thing existed.
>
> W: Well, you'll need to change it unless you get permission, especially since this is for an official competition.
>
> M: That makes sense. I'll just use a different font.

[해석]

여: Oliver, 대회를 위한 발표는 어떻게 되어 가고 있니?

남: 안녕, Julia. 잘되고 있어. 내 그룹에 모두가 열심히 하고 있어.

여: 네 역할은 무엇이니?

남: 나는 발표 슬라이드 제작을 담당하고 있어. 거의 끝냈어.

여: 아, 좀 봐도 될까?

남: 물론이야. 약 90퍼센트 된 것 같아. 청중의 이해를 돕기 위해 그래프와 시각 자료를 많이 사용하려고 노력했어.

여: 아, 정말 좋아 보여. 그런데, 음, 나는 이 글꼴을 전에 본 적이 없어. 그것을 어디서 구했니?

남: 어디에서 났는지 기억이 안 나. 왜? 거기에 무슨 문제가 있니?

여: 그것은 허가가 필요한 글꼴인 것 같아. 너는 그것에 대한 사용 허가를 받았니?

남: 아니. 그런 것이 있는지조차 몰랐어.

여: 음, 허가를 받지 않는 한 너는 그것을 바꿔야 할 건데, 특히 이것이 공식적인 대회를 위한 것이기 때문이야.

남: 말이 되네. 나는 그냥 다른 글꼴을 사용할게.

[해설]

공식적인 대회를 위한 발표 슬라이드에 허가받지 않은 글꼴을 사용한 남자에게 여자는 글꼴을 바꿀 것을 제안한다. 이러한 제안에 대해 남자는 동의와 변경 의지를 표현하는 것이 자연스럽다. 따라서 여자의 마지막 말에 대한 남자의 응답으로 가장 적절한 것은 ①이다.

② 신경 쓰지 마. 나는 이미 이 글꼴을 사용할 수 있는 허가를 받았어.

③ 조언 고마워. 내 슬라이드에 시각 자료를 더 추가하게.

④ 네 말이 맞아. 청중이 이 새로운 글꼴을 좋아할 거라고 확신해.

⑤ 물론이야. 읽기 더 쉽도록 내가 글꼴 크기를 키워 볼게.

[어휘 및 어구]

■ role 역할

■ in charge of ~을 담당하는

■ visual 시각 자료

■ license 허가, 자격, 면허

■ permission 허가, 허락

15.
정답 ③

[소재] 온라인상에서와 색상 차이가 있는 소파의 배송

M: Mike and Lily are newlyweds and are busy setting up their new house. Today, the new sofa they bought online has arrived. They carefully chose the color and style to match their living room decor. However, upon seeing the sofa in person, Lily feels that the color is slightly off from what she had expected. It's darker than it appeared on the website, so she suggests they exchange it for a lighter color. However, Mike thinks the color difference isn't a big deal, and the darker sofa matches their decor quite well. He feels it's unnecessary to go through the hassle of exchanging it. So, Mike wants to tell Lily they should keep the delivered sofa. In this situation, what would Mike most likely say to Lily?

Mike: This sofa is good enough, so why not stick with it?

[해석]

남: Mike와 Lily는 신혼부부이고 그들의 새집을 꾸미느라 분주합니다. 오늘, 온라인에서 구입한 새 소파가 도착했습니다. 그들은 거실 장식에 어울리는 색상과 스타일을 신중하게 선택했습니다. 하지만 소파를 직접 보고 나서, Lily는 색상이 예상했던 것과 약간 다르다고 느낍니다. 웹사이트에서 봤던 것보다 더 어두운 색이라서, 그녀는 더 밝은색으로 교환할 것을 제안합니다. 하지만 Mike는 그 색상 차이가 큰 문제가 아니며, 더 어두운색의 소파가 그들의 인테리어와 꽤 잘 어울린다고 생각합니다. 그는 소파를 교환하는 귀찮은 일을 겪을 필요가 없다고 생각합니다. 그래서 Mike는 Lily에게 배달된 소파를 가지고 있자고 말하고 싶어 합니다. 이런 상황에서 Mike는 Lily에게 뭐라고 말하겠습니까?

Mike: 이 소파가 충분히 좋으니, 그냥 사용하는 게 어때요?

[해설]

온라인에서 주문한 소파가 실제로 보니 예상보다 더 어두워서 더 밝은색으로 교환하고 싶어 하는 Lily에게, Mike는 더 어두운색의 소파도 거실 인테리어와 꽤 잘 어울린다고 생각하여 소파를 교환하지 말고 그냥 가지고 있자고 말하고 싶어 한다. 이런 상황에서 Mike가 Lily에게 할 말로 가장 적절한 것은 ③이다.

① 만족하지 않으면, 일주일 이내에 환불 요청을 할 수 있어요.

② 새 소파가 빨리 배송되어서 매우 만족해요.

④ 거실에 활기를 불어넣기 위해 다른 것을 고를 수 있어요.

⑤ 다른 모델이 배송된 이유를 모르겠어요.

[어휘 및 어구]

■ newlyweds 신혼부부

■ decor 장식

■ slightly 약간

■ go through ~을 겪다

■ hassle 귀찮은 일

[16~17]
정답 16. ① 17. ④

[소재] 채식주의와 비거니즘의 차이

M: Hello, everyone. My name is Jonathan, and I've been vegan for five years. Veganism is like vegetarianism, but it involves avoiding consuming and using all animal-derived products, including those used as ingredients. So while both vegetarians and vegans avoid meat, there are some foods that vegetarians might consume but vegans do not. For example, vegetarians may consume eggs, but vegans do not as they come from animals. Similarly, vegans do not consume dairy products such as cheese or milk, which vegetarians might include in their diets. Another example is honey. You might think that vegans consume honey, but they don't because it's produced by bees. Lastly, vegans avoid eating some types of chocolate. They may contain milk or milk-derived ingredients, which are fine for vegetarians but are unsuitable for vegans. Now let me tell you about the health benefits of veganism.

[해석]

남: 안녕하세요, 여러분. 제 이름은 Jonathan이고, 저는 5년 동안 비건(엄격한 채식주의자)이었습니다. 비거니즘(Veganism)은 채식주의와 같지만, 성분으로 사용되는 것들을 포함한 동물에서 유래된 모든 제품의 섭취와 사용을 피하는 것을 수반합니다. 따라서 채식주의자와 비건 모두 육류를 피하지만, 채식주의자는 섭취할지 모르지만 비건은 섭취하지 않는 몇 가지 음식이 있습니다. 예를 들어, 채식주의자는 달걀을 섭취할 수 있지만 비건은 그것(달걀)들이 동물에서 나오기 때문에 섭취하지 않습니다. 마찬가지로, 비건은 치즈나 우유와 같은 유제품을 섭취하지 않는데, 이것들을 채식주의자는 자신의 식단에 포함할 수도 있습니다. 또 다른 예는 꿀입니다. 여러분은 비건이 꿀을 섭취한다고 생각할지 모르지만, 그것(꿀)이 벌에 의해 생산되기 때문에 그들은 꿀을 섭취하지 않습니다. 마지막으로, 비건은 일부 종류의 초콜릿을 먹는 것을 피합니다. 그것(초콜릿)이 우유나 우유에서 유래된 성분을 포함할 수 있는데, 이것은 채식주의자에게는 괜찮지만 비건에게는 적합하지 않습니다. 이제 비거니즘의 건강상의 이점에 대해 말씀드리겠습니다.

[해설]

16. 남자는 비거니즘을 소개하면서 채식주의자는 섭취하지만 비건은 섭취하지 않는 음식을 설명하고 있다. 그러므로 남자가 하는 말의 주제로 가장 적절한 것은 ① '식단 면에서 비거니즘과 채식주의의 차이점'이다.

② 비건이 음식을 선택할 때 신중해야만 하는 이유

③ 비거니즘을 실천하는 사람들에 의해 추구되는 다양한 목표

④ 채식주의가 신체와 정신 건강에 미치는 영향

⑤ 비거니즘의 실천을 어렵게 만드는 요인

17. 남자는 eggs(달걀), cheese(치즈), honey(꿀), chocolate(초콜릿)은 언급하지만, ④ '빵'은 언급하지 않는다.

[어휘 및 어구]

■ vegetarianism 채식(주의)

■ involve 수반하다, 포함하다

■ consume 섭취하다, 소비하다

■ animal-derived 동물에서 유래된, 동물성의

■ ingredient 성분, 구성 요소

■ dairy product 유제품

■ unsuitable 적합하지 않은

■ in terms of ~ 면에서

■ factor 요인

18.
정답 ⑤

[소재] 자녀의 지각 통보

[해석]

학부모님께

학부모님의 자녀의 등교 시간 엄수에 관한 걱정스러운 문제를 다루기 위해 (이 글을) 씁니다. 학생들이 가끔 지각할 수도 있다는 것을 이해하지만, 주된 문제는 이러한 지각에 대한 학부모님 측의 소통이 부족하다는 점입니다. 효과적인 학급 경영을 위해서는 자녀가 지각을 할 때 학부모님이 학교에 즉시 알리는 것이 매우 중요합니다. 이러한 소통이 없으면 우리가 학부모님 자녀의 학업적 요구를 적절히 다루고 지원하기 어려워집니다. 향후 지각이 있으면 학교에 신속하게 알리는 데 협조해 주실 것을 간곡히 바랍니다. 이 문제에 대한 학부모님의 협력은 우리 교육 프로그램의 원활한 운영과 학부모님 자녀의 학업 성공을 보장하는 데 매우 중요합니다. 이 문제에 관심을 가져 주셔서 감사합니다.

Millitown 고등학교 교장

Carol Williams 드림

[해설]

교장이 학부모에게 효과적인 학급 경영을 위해서는 학부모가 자녀의 지각을 학교에 즉시 알리는 것이 매우 중요하다고 언급하면서, 향후 지각하게 되면 학교에 신속하게 알려 달라고 협조를 구하는 내용이므로, 글의 목적으로 가장 적절한 것은 ⑤이다.

[구문]

■ **It** is crucial for effective classroom management [that parents promptly notify the school when their child is going to be late].

→ It은 형식상의 주어이고, [ ]는 내용상의 주어이다.

■ Without this communication, **it** becomes challenging [**for us** to address and support your child's academic needs adequately].

→ it은 형식상의 주어이고, [ ]는 내용상의 주어이다. 그 안의 for us는 to부정사구의 의미상의 주어를 나타낸다.

[어휘 및 어구]

■ address 다루다, 처리하다

■ primary 주요한, 첫째의

■ crucial 매우 중요한

■ promptly 즉시

■ notify 알리다, 통보하다

■ collaboration 협력, 협조

■ ensure 보장하다

19.
정답 ④

[소재] 폐가에서 느끼는 공포와 호기심

[해석]

폐가의 기묘한 적막 속에서 두려움이 얼어붙은 손가락처럼 내 심장을 움켜쥐었다. 그림자가 공중에서 춤을 추었고, 삐걱거리는 모든 소리가 머리에서 떠나지 않는 멜로디처럼 울려 퍼졌다. 그때 갑자기 불어닥친 돌풍이 창문을 덜컹거리며 나를 공포에 사로잡히게 했다. 하지만 공포가 나를 압도하겠다고 위협했던 바로 그때 한줄기 달빛이 어둠을 뚫고 들어와 벽에 걸린 잊힌 가족 초상화를 드러냈다. 나는 나를 향해 미소 짓고 있는 그 낯익은 얼굴들을 알아보았다. 그 순간 저택은 공포의 장소처럼 덜 느껴지고 과거의 유물처럼 더 느껴졌다. 새로 발견된 흥미에 이끌린 나는 방을 둘러보았는데, 각 방에는 밝혀지기를 기다리는 이야기가 담겨 있었다. 한때 불길한 저택은 이제 비밀이 가득한 보물 창고처럼 느껴졌고, 그것의 과거를 발견하도록 나를 초대했다.

[해설]
어두운 폐가에서 그림자가 춤을 추고, 삐걱거리는 소리와 갑자기 불어닥친 돌풍을 마주했을 때는 무섭고 겁이 났지만, 가족의 초상화와 그 속의 낯익은 얼굴을 알아보았을 때는 흥미에 이끌려 저택이 비밀로 가득한 보물 창고처럼 느껴졌다고 했으므로, 'I'의 심경 변화로 가장 적절한 것은 ④ '무서운 → 호기심이 가득한'이다.
① 불안한 → 무관심한
② 의심스러운 → 자신 있는
③ 짜증 난 → 기쁜
⑤ 부끄러운 → 당황한

[구문]
■ Then, a sudden gust of wind rattled the windows, [sending me into a panic].
→ [ ]는 주절의 상황에 부수하는 상황을 나타내는 분사 구문이다.
■ I recognized the familiar faces [smiling back at me].
→ [ ]는 the familiar faces를 수식하는 분사구이다.

[어휘 및 어구]
■ weird 기묘한, 이상한
■ abandoned 황폐한, 버려진
■ creak 삐걱거리는 소리; 삐걱거리다
■ haunting 머리에서 떠나지 않는, 잊히지 않는
■ rattle 덜컹거리다, 덜컹거리는 소리를 내다
■ overwhelm 압도하다
■ uncover 밝히다
■ treasure house 보물 창고

20.   정답 ⑤

[소재] 상황에 대한 대처

[해석]
추론에서의 많은 실수는 우리가 자신이 처한 상황에 충분한 주의를 기울이고 있지 않다는 사실로 설명된다. 이는 익숙한 상황에서 특히 사실이다. 바로 그 익숙함 때문에 우리는 바로 눈앞의 사실에 대해 부주의한 판단을 내리게 된다. 우리가 하고 있어야 할 일은 상황을 꼼꼼히 살펴보는 것일 때에도, 우리는 상황을 대충 훑어보고 있기 때문에 그것을 잘못 읽는다. 자주 우리는 익숙한 상황이 이전에 경험했던 것과 유사한 상황의 재현에 불과할 것이라고 가정한다. 그러나 가장 엄밀한 의미에서 재현은 없다. 모든 상황은 유일무이하며, 우리는 그 유일무이함에 주의를 기울여야 한다. '주의를 기울이다'라는 문구는 유효하다. 그것은 주의에는 어떤 대가가 따른다는 것을 우리에게 상기시킨다. 주의를 기울이려면 모든 상황과 그 상황을 구성하는 사람, 장소, 사물에 대한 능동적이고 정력적인 반응이 필요하다. 진정으로 주의를 기울이면서 동시에 수동적인 태도를 취하는 것은 불가능하다. 그저 보기만 하지 말고, 들여다보라. 그냥 듣지 말고, 경청하라.

[해설]
익숙한 상황을 유사한 상황의 재현으로 여겨 꼼꼼히 살펴지 못하고 부주의한 판단을 내리는 경우가 있지만, 모든 상황은 유일무이하므로 그 다음에 주의를 기울여 적극적인 태도로 임하라고 당부하는 내용이므로, 필자가 주장하는 바로 가장 적절한 것은 ⑤이다.

[구문]
■ Many mistakes in reasoning are explained by the fact [that we are not paying sufficient attention to the situation {in which we find ourselves}].
→ [ ]는 the fact와 동격 관계이다. 그 안의 { }는 the situation을 수식하는 관계절이다.
■ Often, we assume [that a familiar situation will be but a repeat performance of a similar situation {we've experienced before}].
→ [ ]는 assume의 목적어 역할을 하는 명사절이고, 그 안의 { }는 a similar situation을 수식하는 관계절이다.

[어휘 및 어구]
■ reasoning 추론
■ sufficient 충분한
■ familiarity 익숙함, 친숙함
■ skim (대충) 훑어보다
■ repeat performance 재현, 다시 일어남
■ unique 유일무이한
■ telling 유효한, 효과적인
■ attentive 주의를 기울이는
■ passive 수동적인

21.   정답 ②

[소재] 숙제 정책의 역효과

[해석]
(일부) 숙제 정책의 한 가지 결점을 보완하는 요점은 학생들이 과제에 얼마나 많은 시간을 할애하게 해야 하는지에 대해 그것들이 정한 제한이다. 예를 들어, '학년당 하룻밤에 10분씩' 규칙은, 진지하게 받아들인다면, 적어도 훨씬 더 많은 숙제가 부과될 학군에서는, 올바른 방향으로의 한 방법이다. 하지만 이 지침이 초등학생들의 과도한 과제를 억제하기 위해 의도되었다고 해도, 그것은 그저 천장이 아닌 바닥으로 취급되는 경우가 많다. '눈에는 눈, 이에는 이'라는 속담은 원래 복수에 제한을 두기 위한 것이었으나 결국 복수에 대한 요구로 비치게 되었다. 그래서 학생들이 얼마나 많은 숙제를 받아야 하는지를 제시하는 정책의 주된 결과는 그것이 적절한지 여부에 상관없이, '얼마간의' 숙제가 정기적으로 주어질 것이라는 예상을 확인해 주는 것이다. 그 논의는 (숙제가) 적절한지에서 (숙제를) 얼마나 많이 부과할지로 옮겨진다. 큰 개혁은 아니어도 개화된 개혁으로 보일 수도 있는 것이 실제로는 숙제를 위한 숙제가 계속 기본이 되도록 보장하는 방법이 된다.

[해설]
숙제 제한 정책에 관해 논하는 글이다. '학년당 하룻밤에 10분씩' 규칙처럼 숙제의 양에 제한을 두는 경우, 이 제한이 '천장이 아닌 바닥'으로 다뤄지는 경우가 많다는 어구의 함축적 의미는 숙제의 양에 상한선을 두는 것이 실제로는 숙제의 하한선을 보장하는 것으로 변질될 수 있다는 것이다. 즉, 숙제에 대한 제한이 아닌 최소한의 보장이라는 의미를 내포한다. 따라서 밑줄 친 부분이 글에서 의미하는 바로 가장 적절한 것은 ② '정기적인 숙제의 제한에서 (그것의) 보장으로의 전환'이다.
① 숙제를 가족을 연결하는 도구로 보는 견해
③ 학습 도구로서 숙제의 효과성을 회복하는 것
④ 숙제를 통해 충분한 훈련을 제공하는 것
⑤ 의무적인 숙제의 장단점에 대한 평가

[구문]
■ The one redeeming feature of (some) homework policies is [the limit {they place on ⟨how much time students will be made to spend on their assignments⟩}].
→ [ ]는 is의 주격 보어 역할을 하는 명사구이고, 그 안의 { }는 the limit을 수식하는 관계절이며, 그 안의 ⟨ ⟩는 전치사 on의 목적어 역할을 하는 명사절이다.
■ So [the main effect of policies {that suggest ⟨how much homework students should get⟩}] is to confirm the expectation [that *some* homework will be given on a regular basis, regardless of whether it's appropriate].
→ 첫 번째 [ ]는 문장의 주어 역할을 하는 명사구이고, 그 안의 { }는 policies를 수식하는 관계절이며, 그 안의 ⟨ ⟩는 suggest의 목적어 역할을 하는 명사절이다. 두 번째 [ ]는 the expectation과 동격 관계이다.

[어휘 및 어구]
■ assignment 과제, 숙제
■ direction 방향, 지도
■ district 학군, 지역

■ assign 부과하다, 할당하다
■ restrain 억제하다, 제지하다
■ excessive 과도한
■ on a regular basis 정기적으로
■ appropriate 적절한
■ enlightened 개화된, 계몽된
■ modest 크지 않은, 겸손한
■ ensure 보장하다
■ default 기본(값), 초기 설정

22.   정답 ①

[소재] 발전 지향적인 인간의 삶

[해석]
삶은 움직이는 것이며, 이것이 우리의 운명이다. 우리는 언젠가 죽는다는 것을 알지만, 개선하여 우리 아이들을 위해 더 나은 문화와 더 나은 세상을 만들 수 있기를 항상 희망한다. 그리고 우리는 종족 번식 이후에도 멈추지 않는데, 우리의 인간 본성은 우리를 성공으로 이끌어 오늘날보다 더 위대하게 만든다. 더 나은 급여를 위한 것이든, 더 좋은 집을 위한 것이든, 더 훌륭한 직업을 위한 것이든, 더 자유로운 시간 혹은 새로운 프로젝트를 위한 것이든, 우리는 성공을 목표로 한다. 우리의 유전 프로그램은 단지 생존에 관한 것이 아니라, 우리의 일생 동안 진화하여 더 나아지는 것에 관한 것이다. 그러나 상승은 하락 없이 존재하지 않는다. 낮은 밤 없이 존재하지 않고, 더움은 차가움 없이 존재하지 않으며, 즐거움은 고통 없이 존재하지 않는다. 하락은 그저 상승의 반대가 아니라, 그것을 보완하는 것이다. 우리는 아침에 활기차게 일어나려면 밤에 누워서 잠을 자야 한다.

[해설]
삶은 항상 움직이고 있으며 우리는 더 나은 문화와 더 나은 세상을 만들기 위해 계속 삶을 개선해 나간다는 취지의 글인데, 그 상승이 고통이나 어려움 없이 존재하지 않는다고 했으므로, 글의 요지로 가장 적절한 것은 ①이다.

[구문]
■ [Although we know {that we will eventually die}], we always hope [that we can {improve}, and {create a better culture and a better world for our children}].
→ 첫 번째 [ ]는 양보를 나타내는 부사절이고, 그 안의 { }는 know의 목적어 역할을 하는 명사절이다. 두 번째 [ ]는 hope의 목적어 역할을 하는 명사절이고, 그 안에 있는 두 개의 { }는 and로 연결되어 can에 이어진다.
■ And we don't stop after reproduction: our human nature pushes us towards becoming successful, [being greater than we are today].
→ [ ]는 becoming successful과 동시에 일어나는 상황을 나타내는 분사구문이다.

[어휘 및 어구]
■ destiny 운명
■ reproduction 종족 번식, 생식
■ prestigious 훌륭한, 명망 있는
■ genetic 유전의
■ survival 생존
■ complement 보완; 보완하다

23.   정답 ①

[소재] 공공 공간의 효과적 사용

[해석]
공간의 일시적 사용은 새로운 공간에 대한 일시적 접근을 통한 공간 확장의 가능성을 제공하는 것에 그치지 않는다. 그것은 동일한 공간에 대한 다중 사용 가능성, 즉 배가를 통한 일종의 내부 및 현장 확장의 가능성도 제공한다. 이것은 공공 공간에서 펼쳐지는 행사에서 특히 사실이다. 거리 상인에서 주간 시장에 이르기까지, 예능인과 시위대

에서 대규모 축제와 대규모 시위에 이르기까지, 도시를 가로지르는 이동에서 길모퉁이에 오래 머무르는 것에 이르기까지, 공공 공간은 유연하고 다중적인 공간 활용의 가능성을 제공한다. 낮과 밤의 서로 다른 시간대에 동일한 장소를 서로 다른 목적으로 다중 사용하는 것은 공간 활용성을 확장하여, 동일한 장소 내에서 다양한 활동의 새로운 가능성을 제공하는데, 그중 어느 것도 영구적이 되는 것이 허용되지는 않는다. 따라서 공간은 부동산 소유권의 변경에 의존하지 않고 서로 다른 필요와 요구에 따라 조정, 확장 또는 축소될 수 있다. 공간의 다중 사용은 비정기적이고 임시적인 활동을 위한 공간 부족의 해결책이 된다.

[해설]
공간의 일시적 사용을 새로운 공간에 대한 일시적 접근을 통한 공간 확장의 가능성이라고 언급한 다음 그것을 통해 공공 공간의 다중 사용 가능성이라는 이점을 얻어 낼 수 있다고 설명하고 있으므로, 글의 주제로 가장 적절한 것은 ① '공공 공간의 유연한 다중 사용의 이점'이다.
② 도시화와 사회 기반 시설 개발에 드는 높은 비용
③ 공간의 확장이 만들어 낸 향상된 사교성의 다양한 결과
④ 다중 기능과 사용자를 위한 공간 계획의 과제
⑤ 도시 재생 정책의 핵심인 시민 참여

[구문]
■ This is particularly the case with the events [that unfold in public space].
→ [ ]는 the events를 수식하는 관계절이다.
■ [Multiple use of the same place for different purposes in different times of the day and night] **expands** spatial affordance, [offering new possibilities for a variety of activities within the same place, {none of which is allowed to become permanent}].
→ 첫 번째 [ ]는 주어 역할을 하는 명사구이고 expands가 술어 동사이다. 두 번째 [ ]는 주절의 상황에 부수하는 상황을 나타내는 분사구문이고, 그 안의 { }는 a variety of activities within the same place를 부가적으로 설명하는 관계절이다.

[어휘 및 어구]
■ temporary 일시적인, 임시의
■ spatial 공간의
■ expansion 확장, 팽창
■ multiple 다중(의)
■ multiplication 배가, 증가
■ unfold 펼쳐지다, 펼치다
■ protestor 시위대
■ demonstration 시위, 입증, 논증
■ affordance 활용(성)
■ permanent 영구적인, 영원한
■ contract 축소하다, 줄이다
■ property 부동산, 재산
■ occasional 비정기적인, 이따금의

24. 정답 ⑤
[소재] 청정에너지의 재정의

[해석]
그린(또는 청정)에너지는 환경에 미치는 영향이 작은 그런 에너지 형태이다. 이 아이디어는 에너지원의 배기가스와 같은 기술적 특성과 우리가 그 에너지원을 생산하거나 사용하는 방법에 대한 행동적 선택을 혼합하기 때문에 정의하기에 특히 논쟁의 여지가 있다. 청정에너지는 한때 사용 시점에서 청정한지 여부를 가리키는 것이었으며 주로 대기질에 대한 언급이었다. 그러나 이 비전은 (재생 가능하거나 고갈되지 않는 자원 기반을 포함하는) 연료 자체의 추출 및 생산, (등급 향상 및 유통을 위한 낮은 에너지 집약도를 포함하는) 처리, 그리고 (낮은 탄소 집약도 및 유독성을 포함하는) 그것의 사용과 같은 전체 과정 주기를 포함하도록 확대되었다. 그러나 모든 에너지 선택은 환

경에 영향을 미친다. 풍력 에너지와 같은 청정(에너지) 선택도 토지 사용에 영향을 미치고, 태양 에너지는 광전지 패널 제조에 사용되는 실리콘을 생산하는 광산의 오염으로 영향을 미친다.

[해설]
그린(또는 청정)에너지에 대해 기존의 정의를 언급한 다음 그 정의에 포함되어 있는 논쟁거리를 논하는 글인데, 청정에너지를 단순한 배기가스 배출 여부를 넘어 전체 과정 주기를 포함하는 것으로 재정의하면 어떤 에너지원도 환경과 무관할 수 없다는 것이 드러나게 된다고 언급한다. 따라서 글의 제목으로 가장 적절한 것은 ⑤ '청정에너지 재정의하기: 배기가스를 넘어 과정 주기까지의 고려'이다.
① 연료의 추출과 생산과 연관된 비효율성
② 지속 가능성을 더 높이기 위한 기술과 환경 혁신
③ 미래에 사용 가능: 고갈되지 않는 자원의 양 계산하기
④ 재생 가능 에너지와 지속 가능한 에너지 사이의 경계 구분: 항상 명확하다

[구문]
■ Clean energy [once referred to {whether it was clean at its point of use}], and [was primarily a reference to air quality].
→ 두 개의 [ ]는 and로 연결되어 Clean energy의 술어 역할을 한다. 첫 번째 [ ] 안의 { }는 전치사 to의 목적어 역할을 하는 명사절이다.
■ But all energy choices have an environmental impact:[even clean options like wind energy have effects on land use], and [solar energy has impacts from pollution at the mines {that produce silicon ⟨used in manufacturing photovoltaic panels⟩}].
→ 두 개의 [ ]는 and로 연결되어 주절의 내용을 설명한다. 두 번째 [ ] 안의 { }는 the mines를 수식하는 관계절이고, 그 안의 ⟨ ⟩는 silicon을 수식하는 분사구이다.

[어휘 및 어구]
■ emission 배기가스, 배출(물)
■ reference 언급, 가리킴, 참조
■ expand 확장하다
■ extraction 추출
■ imply 포함하다, 의미하다
■ renewable 재생 가능한
■ nondepletable 고갈되지 않는
■ processing 처리
■ intensity 집약도, 강력함
■ distribute 유통하다, 분배하다
■ toxicity 유독성

25. 정답 ③
[소재] 프랑스 청소년이 즐거움을 위해 읽는 책의 수

[해석]
위의 그래프는 2024년 3월 기준 프랑스 청소년이 즐거움을 위해 읽는 책의 수를 연령대별, 성별로 나타낸 것이다. 13세에서 15세 집단을 제외한 모든 연령대에서 여학생이 남학생보다 더 많은 책을 즐거움을 위해 읽었다. 프랑스 남학생과 여학생 둘 다 즐거움을 위해 읽는 책의 수가 7세에서 9세 집단에서 가장 높았고 13세에서 15세 집단에서 가장 낮았다. 프랑스 남학생과 여학생 둘 다 7세에서 9세 집단의 즐거움을 위해 읽는 책의 수가 13세에서 15세 집단의 2배가 넘었다. 프랑스 남학생과 여학생의 즐거움을 위해 읽는 책 수의 격차는 10세에서 12세 집단에서 가장 컸다. 프랑스 남학생과 여학생의 즐거움을 위해 읽는 책 수의 격차는 13세에서 15세 집단과 16세에서 19세 집단에서 동일했으며, 13세에서 15세 집단에서는 남학생이 더 많이 읽었고 16세에서 19세 집단에서는 그 반대였다.

[해설]
7세에서 9세 집단의 여학생과 남학생은 각각 7.7권과 7.3권의 책을 읽었고, 13세에서 15세 집단의 여학생과 남학생은 각각 3.5권과 3.7권의 책을 읽었다. 두 집단의 차이

를 보면 여학생은 차이가 두 배가 넘었지만, 남학생은 두 배에 미치지 못했다. 따라서 도표의 내용과 일치하지 않는 것은 ③이다.

[구문]
■ For both French boys and girls, the number of books [read for pleasure by the group aged 7 to 9 years old] was more than twice **that** by the group aged 13 to 15 years old.
→ [ ]는 books를 수식하는 분사구이다. that은 the number of books read for pleasure를 대신한다.

[어휘 및 어구]
■ pleasure 즐거움, 재미
■ gap 격차, 차이

26. 정답 ④
[소재] Maria Gaetana Agnesi

[해석]
Maria Gaetana Agnesi는 이탈리아의 수학자이자 철학자였다. 그녀는 수학 안내서를 집필한 최초의 여성이었다. Agnesi는 1718년 5월 16일 밀라노에서 부유하고 학식 있는 가정에서 태어났다. Maria는 아주 어릴 때부터 신동으로 인정받았는데, 5살 때 이탈리아어와 프랑스어를 둘 다 구사할 수 있을 정도였다. 열에 번째 생일 무렵에 그녀는 그리스어, 히브리어, 스페인어, 독일어, 라틴어를 습득했다. 그녀는 심지어 남동생들을 교육했다. 교황 Benedict 14세는 1750년 Agnesi를 Bologna 대학의 수학과 교수로 임명했지만, 그녀는 전혀 근무하지 않았다. 1752년에 아버지가 돌아가신 후, 그녀는 거의 전적으로 자선 사업과 종교 연구에 전념했다. 1799년 1월 9일, Maria Agnesi는 가난하게 세상을 떠났고, 15구의 다른 시신과 함께 빈민 공동묘지에 묻혔다.

[해설]
교황 Benedict 14세에 의해 1750년 Bologna 대학의 수학과 교수로 임명되었지만, 근무한 적이 전혀 없었다고 언급했으므로, 글의 내용과 일치하지 않는 것은 ④이다.

[구문]
■ Pope Benedict XIV appointed Agnesi [professor of mathematics at the University of Bologna] in 1750, [though she never served].
→ 첫 번째 [ ]는 appointed의 목적격 보어이고, 두 번째 [ ]는 양보를 나타내는 부사절이다.
■ On January 9, 1799, Maria Agnesi [died poor] and [was buried in a mass grave for the poor with fifteen other bodies].
→ 두 개의 [ ]는 and로 연결되어 주어인 Maria Agnesi의 술어 역할을 한다.

[어휘 및 어구]
■ handbook 안내서
■ literate 학식 있는, 글을 읽고 쓸 줄 아는
■ acquire 습득하다, 얻다
■ appoint 임명하다, 지명하다
■ devote oneself to ~에 전념하다, ~에 몰두하다
■ exclusively 전적으로, 배타적으로
■ charitable 자선의
■ bury 묻다, 매장하다

27. 정답 ④
[소재] 2024 평화 직업 박람회

[해석]
　　　　　2024 평화 직업 박람회
화합을 도모하고 모두를 위한 기회를 증진하기 위한 행사인 평화 직업 박람회에서 꿈의 직업을 향해 한 걸음 더 나아갈 준비를 하세요.

일시 및 장소
- 날짜: 12월 15일 일요일
- 시간: 오전 10시~오후 5시
- 장소: 시민 경기장

참가 세부 정보
- 모든 구직자 무료입장
- 다양한 업계의 고용주가 참석합니다.

등록
- 자리가 한정되어 있으니 www.peacejobfair2024.com 에서 온라인으로 서둘러 등록하세요.

참고 사항
- 이력서를 지참하고 전문성을 갖춘 복장을 하세요.
- 경력 개발에 관한 워크숍과 세미나가 준비되어 있습니다.
- 다과가 제공됩니다.

구직자와 기회를 연결하는 데 동참하세요. 더 밝은 미래를 향한 다리를 함께 만들어 갑시다!

[해설]
전문성을 갖춘 복장을 하라고 언급했으므로, 안내문의 내용과 일치하지 않는 것은 ④이다.

[구문]
■ Get ready to take strides towards your dream career at the Peace Job Fair, an event [dedicated to {fostering unity} and {promoting opportunities for all}].
→ [ ]는 an event를 수식하는 분사구이고, 두 개의 { }는 and로 연결되어 전치사 to에 이어진다.

[어휘 및 어구]
■ stride 걸음, 활보; 큰 걸음으로 걷다
■ dedicated (특정한) 목적을 위한, 헌신적인, 전용의
■ foster 도모하다, 육성하다, 기르다
■ unity 화합, 일치, 통일
■ promote 증진하다
■ admission 입장
■ resume 이력서
■ refreshment 다과, 간식

28.   정답 ⑤

[소재] 실버 주얼리 강좌

[해석]
Sparkle with Silver
여러분의 생활에 고급스러운 느낌을 더할 준비가 되셨나요? Parkside Academy에서 시니어 고객 맞춤 특별 일일 실버 주얼리 강좌 행사에 참여하세요.

프로그램 세부 정보
- 날짜: 10월 2일 화요일
- 특별 강좌:
  오전 9:00~오전 10:00: 실버 주얼리 만들기 입문
  오전 10:30~오전 11:30: 나만의 실버 펜던트 디자인 및 제작하기
  오후 2시~오후 3시: 실버 주얼리 유지 관리 팁
- 참가비: 1인당 5달러(모든 강좌 입장 포함)

참고 사항
- 사전 경험이 필요하지 않습니다! 우리의 모든 강좌는 초보자 친화적이며 모든 능력 수준에 적합합니다.
- 모든 재료는 제공되므로 창의력과 열정만 가져오세요.
- 더 많은 정보는 저희 웹사이트 www.parksideacademy.org에서 확인하세요.

Parkside Academy의 실버 주얼리 강좌에서 내면의 예술가 기질을 발휘해 멋진 실버 주얼리 작품을 만들어 보세요. 여러분의 명작을 빨리 보고 싶어요!

[해설]
모든 재료는 제공되고 창의력과 열정만 가져오면 된다고 언급되었으므로, 안내문의 내용과 일치하는 것은 ⑤이다.

[구문]
■ Join us for a special one-day event of silver jewellery classes [tailored for seniors] at Parkside Academy.
→ [ ]는 a special one-day event of silver jewellery classes를 수식하는 분사구이다.

[어휘 및 어구]
■ elegance 우아함
■ introduction 입문, 소개
■ maintenance 유지 보수, 유지 관리
■ beginner-friendly 초보자 친화적인
■ enthusiasm 열정
■ unleash 발휘하다, 보여 주다, 속박을 풀다
■ masterpiece 명작, 걸작

29.   정답 ③

[소재] 회상 학습법

[해석]
단순한 다시 읽기가 아닌 회상은 학습에 있어서 가장 좋은 형태의 의도적인 연습이다. 이 전략은 체스 고수들이 사용하는 전략과도 유사하다. 이 두뇌 활동의 마법사들은 자신의 장기 기억 속에 있는 최선의 다음 수와 관련된 덩어리로 판 구성을 내면화한다. 이러한 두뇌 활동의 구조는 그들이 현재 게임에서 각 수에 가장 적합한 옵션을 선택하는 데 도움이 된다. 하위 순위 선수와 그랜드 마스터의 차이점은 그랜드 마스터는 자신의 약점이 무엇인지 알아내고 그 부분을 강화하는 데 훨씬 더 많은 시간을 할애한다는 점이다. 그것은 그저 둘러앉아 재미로 체스를 두는 것처럼 쉬운 것은 아니다. 그러나 결국 결과는 훨씬 더 만족스러울 수 있다. 연구는 자료를 회상하는 데 더 많은 노력을 기울일수록 그것이 기억에 더 깊게 박힌다는 사실을 보여 주고 있음을 기억하라.

[해설]
③ figuring out의 목적어 역할을 하는 절 안에서 are의 주격 보어 자리가 비어 있으므로 that을 보어 역할을 할 수 있는 의문사 what으로 고쳐야 한다.
① chunks를 수식하는 분사구를 유도하고 있는데, chunks가 동사 associate의 대상에 해당하므로 과거분사 associated는 어법상 옳다.
② 이 문맥의 동사 help는 목적어와 목적격 보어를 필요로 하는데, 여기서 목적격 보어는 to부정사구나 to 없는 부정사구가 모두 허용되므로 select는 어법상 옳다.
④ is의 주격 보어 자리인데, 형용사 easy는 주격 보어 역할을 할 수 있으므로 어법상 옳다.
⑤ itself가 포함된 절 안에서, itself가 지칭하는 대상이 주어 it이 지칭하는 대상과 같으므로 재귀대명사 itself는 어법상 옳다.

[구문]
■ This strategy is also similar to **that** [used by chess masters].
→ that은 the strategy를 대신하고, [ ]는 that을 수식하는 분사구이다.
■ The difference between lesser-ranked players and grand masters is [that grand masters devote far more time to {figuring out 〈what their weaknesses are〉} and {working to strengthen those areas}].
→ [ ]는 is의 주격 보어 역할을 하는 명사절이다. 그 안의 두 개의 { }는 and로 연결되어 전치사 to에 이어진다. 첫 번째 { } 안의 〈 〉는 figuring out의 목적어 역할을 하는 명사절이다.

[어휘 및 어구]
■ recall 회상; 회상하다
■ deliberate 의도적인, 신중한
■ strategy 전략
■ wizard 마법사
■ internalize 내면화하다
■ chunk 덩어리

■ associated with ~과 관련된
■ grand master 그랜드 마스터(최고 수준의 체스 선수)
■ figure out ~을 알아내다
■ strengthen 강화하다
■ gratifying 만족스러운
■ embed 박아 넣다, 끼워 넣다

30.   정답 ⑤

[소재] 습기를 좋아하는 모기의 습성

[해석]
모기는 공기의 습기를 좋아한다. 그래서 모기는 이슬이 맺힌 풀밭 위로 따뜻한 여름 태양이 떠오르는 새벽에 특히 편안함을 느낀다. 모기는 건조한 공기와 쾌적한 열기를 덜 좋아하지만, 숲속에는 항상 그들이 도망갈 수 있는 습기가 있는 곳이 있고, 일정한 그늘이 있는 곳의 습도가 훨씬 더 높다. 특히 비가 많이 온 날 산책을 하다가 잠시 쉬어 갈 곳이 필요하다면 숲속 깊은 곳에 앉지 말라. 이상적인 장소는 공터 가장자리, 노천 옆 첫 번째 나무 아래쪽인데, 여러분은 더 건조한 공기의 혜택을 받으면서도 어느 정도의 그늘을 즐길 수 있을 것이다. 모기는 바람을 견디지 못하기 때문에 훨씬 더 좋은 곳은 바람이 약간 부는 곳이다. 착지하려고 하는데 계속해서 날려가고 있으면, 의도한 목표물을 향해 방향을 잡기가 훨씬 더 쉽게(→ 더 어렵게) 된다.

[해설]
습기를 좋아하고 건조한 공기와 쾌적한 열기를 덜 좋아하는 모기의 습성을 설명하는 글이다. 모기가 바람을 견디지 못한다는 내용을 부연 설명하는 부분에서, 바람이 불면 목표물을 향해 방향을 잡는 것이 어려울 것이다. 따라서 ⑤의 easier를 harder와 같은 낱말로 바꾸어야 한다.

[구문]
■ They're less keen on [dry air] and [comfortable heat waves], but there's always somewhere damp for them to escape to in the forest; the humidity is much higher [where there is constant shade].
→ 첫 번째와 두 번째 [ ]는 and로 연결되어 전치사 on에 이어진다. 세 번째 [ ]에서 where는 in the place where로 이해할 수 있다.
■ Even better is [somewhere with a bit of breeze], because mosquitoes can't stand the wind.
→ 형용사구인 Even better가 문두에 오면서 동사 is가 주어인 [ ] 앞에 놓이는 어순이 되었다.

[어휘 및 어구]
■ humidity 습기, 습도
■ dawn 새벽
■ meadow 풀밭, 목초지
■ keen on ~을 좋아하는
■ damp 습기가 있는, 축축한
■ clearing 공터, 빈곳
■ blow away ~을 불어 날리다

31.   정답 ①

[소재] 유기체의 가변성

[해석]
금발 여성과 검은 머리 여성의 키를 비교하기로 결정했다면, 금발 여성 한 명과 검은 머리 여성 한 명을 측정하는 것만으로는 충분하지 않다는 것이 분명하다. 금발 여성이 키가 더 크다고 해도, 이 한 번의 관찰로 금발 여성이 검은 머리 여성보다 평균적으로 키가 더 크다고 일반화할 수는 없을 것이다. 한 명의 남성과 한 명의 여성을, 아니면 성장 호르몬을 투여한 한 마리의 쥐와 그러지 않은 다른 한 마리의 쥐를 비교하는 경우에도 마찬가지일 것이다. 왜 그럴까? 물론 그 답은 모두 동일한 아원자 입자와 달리 사람은 (다른 유기체, 장기, 세포와 마찬가지로) 모두 서로 '다르기' 때문이다. 다시 말해서, 그들은 가변성을 보이기

때문에, 어떤 하나의 사람이나, 하나의 세포, 혹은 실험적으로 처리된 하나의 유기체도 전형적이지 않다. 생물학자들이 그렇게 많은 일을 해야 하고 통계를 사용해야 하는 것은 이 문제를 극복하기 위한 것이다.

[해설]
사람의 특성을 비교할 때는 통계를 사용해야 하는데, 이는 사람이 서로 다르기 때문이라는 내용이므로, 빈칸에 들어갈 말로 가장 적절한 것은 ①이다.
② 균일성
③ 집중성
④ 일반화
⑤ 퇴행성

[구문]
- If you decided to compare the heights of fair- and dark-haired women, **it** is obvious [that {measuring just one fair-haired and one dark-haired woman} would be insufficient].
→ it은 형식상의 주어이고, [ ]는 내용상의 주어이다. 그 안의 { }는 that절의 주어 역할을 하는 동명사구이다.
- The answer is, of course, [that in contrast to sub-atomic particles, {which are all the same}, people (in common with other organisms, organs and cells) are all *different* from each other].
→ [ ]는 is의 주격 보어 역할을 하는 명사절이고, 그 안의 { }는 sub-atomic particles에 대해 부가적으로 설명하는 관계절이다.

[어휘 및 어구]
- fair-haired 금발의
- obvious 분명한, 명확한
- measure 측정하다
- insufficient 충분하지 않은
- generalise 일반화하다
- sub-atomic 아원자의, 원자보다 작은 (입자의)
- particle 입자
- organism 유기체

32.   정답 ①

[소재] 상호성의 관계 속에서 형성된 정체성

[해석]
주객 관계는 정체성이 상호성의 관계 속에서 형성된다는 헤겔의 사상을 잘 보여 주는 사례로, 그것(상호성)은 어느 한쪽이 다른 한쪽 없이는 존재할 수 없다는 것이다. 플라톤이 말했듯이 우리는 전적으로 자족적이지 않으며 '주고받음으로 이루어진 교환' 속에서 스스로를 형성해 왔다. 우리의 정체성은 정해진 것이 아니다. 사람으로 존재한다는 것은 타인이 그들 자신의 공간을 차지할 수 있는 공간이 없이는 있을 수 없는 자리를 차지하고 있는 것을 의미한다. 언어를 이해하는 것도 마찬가지인데, 다른 사람이 그것(언어)을 이해할 수 있는지 우리가 알지 못하면 우리가 그것(언어)을 이해하는지 알 수 없다. 우리는 암호화된 신호를 발신하거나 익명의 메시지를 수신하는 존재가 아니라, 우리의 말이 다른 사람에 의해 이해됨과 동시에, 그리고 그 범위 내에서 무엇을 말하고 싶은지를 아는 화자이다. 자아의 발견은 상호 주관적인 행위이다.

[해설]
우리의 정체성은 상호성의 관계 속에서 형성된다는 내용의 글이다. 정체성과 언어의 이해 모두 상호성의 관계 속에서 형성된다고 했으므로, 빈칸에 들어갈 말로 가장 적절한 것은 ①이다.
② 결코 끝나지 않는 일생의 과정
③ 서로 다른 이념을 반영한 대화
④ 인생의 성공과 발전의 열쇠
⑤ 우리가 진정으로 원하는 삶을 살기 위한 첫걸음

[구문]
- The relationship between host and guest is a good

---

illustration of the Hegelian idea [that identities are formed in a relationship of reciprocity; one cannot exist without the other].
→ [ ]는 the Hegelian idea와 동격 관계이다.
- Being a person means occupying a place [that would not exist without a space {where others can occupy their own space}].
→ [ ]는 a place를 수식하는 관계절이고, 그 안의 { }는 a space를 수식하는 관계절이다.

[어휘 및 어구]
- illustration 사례, 설명
- identity 정체성
- self-sufficient 자족의, 자급자족의
- forge 형성하다
- occupy 차지하다, 점유하다
- emitter 발신자

33.   정답 ④

[소재] 기도에 대한 응답

[해석]
사람의 기도에 응답을 가져다주는 것은 (사람이) 믿고 있는 대상이 아니다. 기도에 대한 응답은 개인의 잠재의식이 자기 마음속의 심상이나 생각에 반응할 때 나타난다. 이 믿음의 법칙은 세계의 모든 종교에서 작용하고 있으며, 그것들이 심리적으로 옳은 이유이다. 불교인, 기독교인, 이슬람교인, 히브리인 모두 자기 기도에 대한 응답을 얻을 수 있으며, 이는 특정한 신조, 종교, 소속, 의식, 의례, 교리, 희생 또는 제물 때문이 아니라 오직 그들이 기도하는 것에 대한 믿음 또는 심적인 인정과 수용성 때문이다. 삶의 법칙은 믿음의 법칙이며, 믿음은 여러분의 마음속의 생각으로 간단히 요약할 수 있다. 사람이 생각하고, 느끼고, 믿는 대로, 그의 마음, 몸, 상황의 상태도 마찬가지이다. 하나의 기법, 즉 자신이 무엇을 하고 있고, 왜 그것을 하고 있는지에 대한 이해에 기초한 방법론은 여러분이 삶의 모든 좋은 것들에 대한 잠재의식적 구현을 이끌어 내는 데 도움이 될 것이다. 본질적으로, 응답이 된 기도란 마음의 소망이 실현된 것이다.

[해설]
사람의 기도에 응답을 가져다주는 것은 다름 아닌 개인의 잠재의식이며 자신이 기도하는 것에 대한 믿음이나 심적인 인정을 통해 기도에 대한 응답을 경험할 수 있다는 내용의 글이다. 기도의 응답은 잠재의식의 구현과 연결된다는 흐름이므로, 빈칸에 들어갈 말로 가장 적절한 것은 ④이다.
① 우리 안에서의 변화와 함께 시작된다
② 기적의 모습을 띤다
③ 남을 돕는 행위 안에 존재한다
⑤ 목적이 아니라 오히려 그것을 달성하는 수단이다

[구문]
- **It is** [not the thing {believed in}] **that** brings an answer to man's prayer; the answer to prayer results when the individual's subconscious mind responds to the mental picture or thought in his mind.
→ [ ]는 It is와 that절 사이에 놓여 의미가 강조되고 있다. 그 안의 { }는 the thing을 수식하는 분사구이다.
- The Buddhist, the Christian, the Moslem, and the Hebrew all may get answers to their prayers, **not because of** the particular creed, religion, affiliation, ritual, ceremony, formula, sacrifices, or offerings, **but solely because of** belief or mental acceptance and receptivity about that [for which they pray].
→ '~ 때문이 아니라, 오직 … 때문이다'라는 뜻의 「not because of ~, but solely because of …」 표현이 사용되었다. [ ]는 that을 수식하는 관계절이다.

[어휘 및 어구]
- prayer 기도
- subconscious 잠재의식의, 잠재의식적인
- religion 종교
- affiliation 소속
- ritual 의식
- ceremony 의례, 예식
- formula 교리, 공식
- offering 제물
- receptivity 수용성
- sum up ~을 요약하다
- embodiment 구현, 구체화

34.   정답 ②

[소재] 데카르트 존재론의 출발점

[해석]
데카르트는 당시의 믿음이 특정 지식에 근거하기보다는 관습과 전례에 더 많이 근거한다고 믿게 되었다. 회의론자들은 우리의 감각은 우리를 속일 수 있고 흔히 실제로 속이며, 따라서 세상에 대한 어떤 확고한 지식에도 도달할 수 없다고 주장하고 있었다. 따라서 데카르트는 회의의 문제에 맞서기 위해 학교에서 배운 모든 것의 타당성을 부정하는 것에서 출발하여, 새롭게 생각하기 시작하면서, 회의론자들의 주장을 극복할 수 있는 믿음과 행동에 대한 신뢰할 만한 새로운 토대를 찾을 수 있는지를 알아봐야 했다. 그의 위대한 발견은 우리는 감각을 의심할 수는 있지만, 의심하는 사람의 존재는 의심할 수 없다는 것이었다. 내 마음에 들어온 모든 것이 내 꿈의 환상에 지나지 않는다고 해도, '그렇게 생각한 나는 분명 (존재하는) 어떤 것이다… 나는 생각한다, 고로 나는 존재한다'라는 것에는 의심의 여지가 없었다. 이것이 그가 추구하고 있었던 철학의 첫 번째 원리였다. 그는 이 원리를 신의 존재를 증명하는 데 사용했지만, 그의 접근법은 무게 중심을 인간의 마음속으로 확고하게 가져왔다.

[해설]
우리의 감각은 우리를 속일 수 있고 흔히 실제로 속이므로, 세계에 관한 확고한 지식에 도달할 수 없다고 주장하는 회의론에 맞서기 위해 데카르트가 추구한 (철학적) 방법론을 소개하는 내용의 글이다. 마음속에 들어오는 모든 것이 감각 때문에 회의적으로 된다고 해도, 어떤 사람이 생각하고 있었던 것이 확실하다면, 그 사유의 주체인 그 사람이 있어야 한다고 했으므로, 빈칸에 들어갈 말로 가장 적절한 것은 ②이다.
① 우리 자신에 대해 정말 아는 것이 거의 없다
③ 우리 생각 속에 구축된 지식을 부정해야 한다
④ 현실에 대해 우리가 진정 무엇을 알고 있는지 자문해야 한다
⑤ 때때로 상황이 실제보다 더 복잡하다고 의심한다

[구문]
- Descartes had come to believe [that the beliefs of his time were based more on custom and example, rather than on certain knowledge].
→ [ ]는 believe의 목적어 역할을 하는 명사절이다.
- To confront the problem of doubt, therefore, Descartes had to start from denying the validity of all [that he was taught at school], to start thinking afresh, to see [if he could find a reliable new foundation for belief and action {that could overcome the sceptics' argument}].
→ 첫 번째 [ ]는 all을 수식하는 관계절이다. 두 번째 [ ]는 see의 목적어 역할을 하는 명사절이고, 그 안의 { }는 a reliable new foundation for belief and action을 수식하는 관계절이다.

[어휘 및 어구]
- be based on ~에 근거하다
- sceptic 회의론자

- confront 맞서다, 직면하다
- deny 부정하다
- validity 타당성
- foundation 토대, 기초
- overcome 극복하다
- illusion 환상, 환영
- existence 존재
- centre of gravity 무게 중심

35. 정답 ④

[소재] 새로운 관찰에 의한 과학 이론의 정교화

[해석]
과학은 지식을 생산하기 위한 과정이다. 그 과정은 현상을 주의 깊게 관찰하는 것과 그 관찰을 이해하기 위한 이론을 창안하는 것 둘 다에 의존한다. 새로운 관찰이 기존의 이론에 도전할 수도 있기 때문에 지식의 변화는 불가피하다. 한 이론이 일련의 관찰을 아무리 잘 설명하더라도 다른 이론이 그에 못지않거나 더 잘 맞을 수도 있고, 혹은 훨씬 더 넓은 관찰 범위와 맞을 수도 있다. 과학에서는 새로운 이론이든 오래된 이론이든 이론을 시험하여 개선하고 때때로 폐기하는 과정이 항상 진행된다. (일부 과학자들은 지력의 사용과 감각을 확장하는 도구의 도움으로 사람들이 자연의 모든 패턴을 발견할 수 있다고 믿는다.) 과학자들은 완전하고 절대적인 진리를 확보할 방법이 없더라도 세계와 그 작동 방식을 설명하기 위해 점점 더 정확한 근사치를 만들 수 있다고 가정한다.

[해설]
새로운 관찰로 인해 기존의 과학 이론과 지식의 변화는 불가피하다는 내용의 글이므로, 지력을 사용하고 감각을 확장하는 도구의 도움을 받아 자연의 모든 패턴을 발견할 수 있다는 일부 과학자들의 믿음을 언급하는 내용인 ④는 글의 전체 흐름과 관계가 없다.

[구문]
- [No matter how well one theory explains a set of observations], it is possible [that another theory {may fit just as well or better}, or {may fit a still wider range of observations}].
→ 첫 번째 [ ]는 양보를 나타내는 부사절로「No matter how ~」는 '아무리 ~할지라도'의 뜻이다. it은 형식상의 주어이고 두 번째 [ ]는 내용상의 주어이다. 그 안에서 두 개의 { }는 or로 연결되어 that절의 주어인 another theory의 술어 역할을 한다.

[어휘 및 어구]
- observation 관찰
- phenomenon 현상 (pl. phenomena)
- inevitable 불가피한
- prevailing 기존의, 널리 퍼진
- discard 폐기하다, 버리다
- intellect 지력, 지성
- account for ~을 설명하다

36. 정답 ⑤

[소재] 우리의 몸과 마음에 일어나는 조건화의 저장

[해석]
조건화는 잠재의식의 단계에서 일어난다. 아기와 아이일 때 우리는 이 정보를 저장하기로 의식적으로 결정하지 않고, 우리의 뇌가 우리를 위해 그것을 한다. 잠재의식('잠재의식'은 말 그대로 의식 아래를 의미함)은 시간이 지나면서 생각, 행동, 그리고 다른 습관들의 반복으로부터 형성된 신경 경로를 저장한다. (C) 조건화를 저장하는 것은 우리의 머리만이 아니라, 우리의 몸도 그렇다. 신경계는 자궁 내에서 약 6주 정도에 형성되기 시작하여 25세까지 계속 발달한다. 가정 환경과 그 환경에서 경험하는 관계는 실제로 신경계가 발달하는 방식에 영향을 미친다. (B) 만

약 첫 관계가 안전하고 안정적이며 예측 가능했다면, 우리의 신경계는 보통 '회복력이 있고' 스트레스를 많이 받는 경험으로부터 회복할 수 있다. 만약 첫 관계가 안전하지 않았다면, 신경계는 항상 위험을 미리 걱정하는 초긴장 상태가 된다. (A) 시간이 지남에 따라 신경계의 조절 장애는 역기능적 대처 메커니즘(약물 사용, 반발, 자기 파괴, 과도한 업무), 불안감(즉 자신과 타인을 신뢰하지 못함), 단절의 길을 열어 줄 수 있다. 이런 일이 일어나면, 우리는 우리 자신의 몸에서 안전하다고 느끼지 않고, 그래서 그 위협적인 지대에서 벗어날 방법을 찾는다.

[해설]
잠재의식 수준에서 일어나는 신경계의 조건화 개념을 설명하는 주어진 글 다음에, 그러한 신경계의 조건화가 우리의 머리와 몸 모두에서 일어나는데, 환경과 관계가 신경계의 조건화에 영향을 미친다는 내용의 (C)가 이어져야 한다. 그다음에는 관계의 안정성이 신경계의 조건화에 영향을 미치는 구체적인 양상을 언급하는 (B)가 이어지고, 안전하지 않은 관계가 초래한 신경계 조건화의 결과를 설명하는 (A)가 그 뒤를 잇는 것이 글의 순서로 가장 적절하다.

[구문]
- It's [not just our minds] that store our conditioning, our body does, too.
→ [ ]는 It's와 that절 사이에 놓여 의미가 강조되고 있다. does는 stores our conditioning을 대신한다.
- Our home environment and the relationships [we experience within that environment] actually influence the way [our nervous system develops].
→ 첫 번째 [ ]는 the relationships를 수식하는 관계절이고, 두 번째 [ ]는 the way를 수식하는 관계절이다.

[어휘 및 어구]
- conditioning 조건화
- literally 말 그대로, 글자 그대로
- consciousness 의식
- neural 신경의
- pathway 경로
- dysfunctional 역기능의
- substance 약물, 물질
- reactivity 반발, 반응성
- excessive 과도한
- terrain 지대, 지형
- resilient 회복력이 있는
- anticipate 미리 걱정하다, 예측하다

37. 정답 ③

[소재] 무형 재산권에 대한 인식

[해석]
어릴 때부터 우리는 다른 사람의 물리적 소유물을 존중하라고 배운다. 그 존중은 우리 뇌의 가장 원시적인 부분에 뿌리를 둔 본능과 일치한다. 불도그, 새, 곰은 다른 것들의 영역에 침범하지 않을 줄 안다. 그러나 우리의 직관은 아이디어와 같은 무형의 것에 대해서는 다르게 느낀다. (B) 한 연구에 따르면, 여러분이 한 어린 미취학 아동의 "그건 내 거야."라는 말을 들으면 "여러분은 누군가가 그들의 장난감이나 음식을 훔친 것이지 그들의 농담이나 이야기, 노래를 훔친 것이 아니라고 완전히 확신할 수 있다." 아마도 스트리밍은 그저 우리 뇌의 동일한 원시적 영역 부분을 활성화시키지 않을 것이다. 그리고 아마도 이것이 비밀번호를 공유하는 것이 도덕적으로나 법적으로 잘못되었다고 느껴지지 않는 이유일 것이다. (C) 콘텐츠 소유자는 이를 안다. 그들은 디지털 소유물에 대한 우리의 생각을 바꾸고 그것이 견고한 물리적 소유물처럼 더 많이 보이게 하려고 노력해 왔지만 성공은 제한적이었다. DVD를 시작할 때 인터폴에서 보낸 무서워 보이는 경고문과 모든 영화 시작 때마다 '불법 복제는 피해자가 없는 범죄가 아닙니다.'라는 엄중한 경고가 나오는 것도 이런 이유에서

이다. (A) 심지어 '지적 재산'이라는 용어도 이 싸움의 일부이다. 저작권, 특허, 상표권 변호사들이 고객의 우려를 물리적 소유물에 대한 우리의 직관에 편승시키기 위해 이 말을 만들어 낸 것이었다. 그들은 우리의 원시적인 자아에게 (있어서) 저작권은 재산이 아님을 알고 있다.

[해설]
우리는 본능적으로 다른 사람의 물건에 대해서는 존중을 보이지만, 무형의 것에 대해서는 그렇지 않다는 내용의 주어진 글 다음에, 그것의 구체적인 사례를 설명하는 (B)가 이어져야 한다. 그다음에는 무형의 것의 소유권을 존중하지 않는 성향을 바꾸려는 노력을 도입하는 (C)가 이어지고, 그 노력을 지적 재산까지 확장하여 설명하는 (A)가 그 뒤를 잇는 것이 글의 순서로 가장 적절하다.

[구문]
- They know [that for our primitive selves, copyright is not property].
→ [ ]는 know의 목적어 역할을 하는 명사절이다.
- They have been trying, with limited success, [to {change how we feel about digital stuff} and {make it seem more like hard, physical stuff}].
→ [ ]는 trying의 목적어 역할을 하는 to부정사구이다. 그 안에서 두 개의 { }는 and로 연결되어 to에 이어진다.

[어휘 및 어구]
- consistent 일치하는, 일관된
- instinct 본능
- primitive 원시적인, 원초적인
- territory 영역
- intuition 직관
- intellectual property 지적 재산
- patent 특허
- trademark 상표권
- activate 활성화시키다
- piracy 불법 복제
- victimless 피해자가 없는

38. 정답 ②

[소재] 아름다움의 의미

[해석]
미술관에 가는 것이 무엇이 아름다운지에 대한 인식을 향상시킬 것인가? 그것은 답은 아니지만 하나의 출발점이다. 미술관은 개인적으로 아름다움을 찾아다니면서, 학생이 아름다움을 경험하고 그것을 다른 장소와 비교할 수 있는 많은 장소 중의 하나이다. 아름다움은 흔히 미술관 가이드에 의해 지적되거나 큐레이터의 선택에 의해 선정된다. 그러나 아름다움은 누구에게나 확실하게 지적될 수 있을 정도로 단순하지 않다. 미술 수업에서 배우는 것은 주입의 대상이 아니고, 그곳은 토론하고, 문제를 제기하고, 의구심을 표현하는 장소이다. 아름다움은 누구에게나 다르게 인식되는 어떤 것, 미술계의 견해에 따라, 개인의 마음, 소장품, 취향에 따라 달라지는 어떤 것으로서 섬세하게 전달되어야 한다. 미술 수업에서 사람들은 아름다움은 고정된 것이 아니라는, 즉 현재 아름답다고 여겨지는 것이 비평가들에 의해 내일 추하다고 판단될 수도 있다는 것을 배운다. 예를 들어, 학생들은 대중과 개인의 취향, 의견, 관심이 성장, 수정, 변화하기 마련이기 때문에 유행, 트렌드, 시대가 어떻게 모든 것에 의문을 제기하는지 배운다.

[해설]
아름다움은 주입의 대상이 아니고 사람마다 서로 다르게 인식할 수 있다는 내용의 글이다. 아름다움이 누구에게나 확실히 지적될 수 있을 정도로 단순하지 않다는 내용의 주어진 문장은 아름다움이 흔히 미술관 가이드에 의해 지적되거나 큐레이터에 의해 선정된다는 내용과 상반되고, 미술 수업에서 배우는 아름다움이 주입의 대상이 아니고, 미술 수업은 토론과 문제 제기, 의구심을 표현하는 장소라는 내용과 자연스럽게 이어진다. 따라서 주어진 문장이 들어가기에 가장 적절한 곳은 ②이다.

[구문]

■ A museum is one of many places [where a student can be exposed to beauty and compare it with other places, {shopping individually for beauty}].
→ [ ]는 many places를 수식하는 관계절이고, { }는 관계절의 주어인 a student의 동작을 부가적으로 설명하는 분사구문이다.

■ Beauty has to be sensitively conveyed as something [that is perceived differently by everyone], something [that changes in the eyes of the art world, in the minds, collections, and taste of individuals].
→ 두 개의 [ ]는 각각 바로 앞의 something을 수식하는 관계절이다.

[어휘 및 어구]

■ point out ~을 지적하다, ~을 지정하다
■ recognition 인식
■ be exposed to ~을 경험하다, ~을 접하다
■ sensitively 섬세하게, 세심하게
■ convey 전달하다
■ static 고정된, 정적인
■ revision 수정

39.　　　　　　　　　　정답 ⑤

[소재] 수영의 자유형 영법

[해석]

자유형 수영 선수는 수영장 길이를 따라 최대한 빠르게 이동하는 목표를 위해 물이 제공하는 여러 형태의 저항을 극복해야 한다. 달리기 선수나 사이클 선수와 달리, 수영 선수는 일시적으로 출발과 회전을 하는 때를 제외하고는 페달이나 지면과 같은 단단한 물체를 밀어서 앞으로 나아가지 않는다. 자유형 수영 선수의 85퍼센트가 넘는 추진력이 팔과 손으로 하는 일에서 비롯되며 달성된 속도는 같은 거리를 달리는 달리기 선수보다 약 4배 더 작다. 손은 물 속에서 수중 날개처럼 작용하여 양력을 발생시키고 동시에 항력을 만드는데, 이들 반대되는 힘은 둘 다 물의 밀도, 수영 선수의 속도, 손의 표면적에 비례한다. 양력은 밑에서 위로 밀어 올리고 항력은 앞으로 나아가는 움직임을 방해한다. 그것들의 크기는 손이 물살을 가르고 나서 물을 뒤로 쓸어 넘기는 각도에 따라 미묘하게 달라진다. 수영 영법에 관한 코칭 조언 및 세심한 최적화를 위한 여지가 많이 있다.

[해설]

수영의 자유형 영법에 관한 글인데, 주어진 문장의 Their sizes는 문맥상 양력과 항력의 크기를 가리키고, 손이 물살을 가르고 나서 물을 뒤로 쓸어 넘기는 각도에 따라 양력과 항력의 크기가 달라지므로 수영 영법에 관한 코칭이 필요하다는 흐름이 되어야 자연스럽다. 따라서 주어진 문장이 들어가기에 가장 적절한 곳은 ⑤이다.

[구문]

■ Their sizes depend delicately upon the angle [at which the hand cuts the water and then sweeps backward through **it**].
→ [ ]는 the angle을 수식하는 관계절이다. it은 the water를 대신한다.

■ The hand acts like a hydrofoil in the water, [generating lift but also creating drag], and both of these contrary forces are proportional to [the density of the water, the swimmer's speed, and the surface area of the hand].
→ 첫 번째 [ ]는 앞 절의 상황에서 비롯된 결과를 나타내는 분사구문이다. 두 번째 [ ]는 전치사 to의 목적어 역할을 한다.

[어휘 및 어구]

■ swiftly 빠르게, 재빨리
■ momentarily 순간적으로
■ front-crawl 자유형(엎드린 자세로 수영하는 영법)
■ generate 발생시키다

■ lift 양력, 밀어 올리기
■ drag 항력, 끌어당기기
■ proportional 비례하는
■ density 밀도
■ oppose 방해하다, 반대하다
■ optimization 최적화

40.　　　　　　　　　　정답 ⑤

[소재] 예측적 접근 방식과 대응적 접근 방식

[해석]

사업 관리자는 일이 순조롭게 진행되고 있을 때 만족할 수도 있다. 당장 해결해야 할 문제가 없기 때문에 아무것도 바꿀 필요가 없다. (조선업의 경우와 마찬가지로) 시장이 조용히 그에게서 멀어지고 있을 수도 있지만, 이를 그가 가시적으로 인지하기 전까지는 대응할 수 있는 것이 아무것도 없다. 우리는 순조롭게 진행되고 있는 일들을 바꿀 필요성을 결코 보지 못한다. 문제가 없는데 왜 우리가 문제를 만들어야 하는가. 예측적 사고를 하는 사람은 문제를 앉아서 기다리지 않을 것이다. 그는 진행 중인 일의 강점을 살펴보고 이를 바탕으로 발전시키려고 노력할 것이다. 그는 끊임없이 방법을 개선하고, 그것을 단순화하고, 그것을 더 효과적으로 만들려고 노력하고 있을 것이다. 그는 그저 기계를 그대로 작동시키고, 문제가 발생할 때까지 기다렸다가 (사후) 그의 대응적 사고를 적용하는 데 만족하지 않을 것이다. 정부와 모든 종류의 행정에서, 우리는 오로지 대응적이도록 훈련된 사고를 가진 사람들 때문에 너무 많은 고통을 받는다. 예측적 리더는 미래로 나아가고, 대응적 리더는 추세와 위기관리에 의존하여 미래로 후진해 간다.

→ 사업 관리에서 예측적 접근 방식과 대응적 접근 방식에는 차이가 있는데, 예측적 리더는 끊임없이 **개선**을 추구하는 반면 대응적 리더는 위기관리에 의존하고 **예지력**이 부족하다.

[해설]

예측적 접근 방식과 대응적 접근 방식의 차이를 설명하는 글이다. 예측적 사고방식을 가진 리더는 문제를 가만히 앉아서 기다리지 않고 현재의 일의 강점을 살펴 이를 바탕으로 발전시키려 노력하는 반면, 대응적 사고를 가진 리더는 순조롭게 진행되는 일에 대해서는 바꿀 필요성을 느끼지 못한 채 문제를 인지하기 전에는 대응하지 않고 문제가 생기기 전에는 무언가를 만들어 내야 할 필요성을 못 느낀다고 했다. 따라서 빈칸 (A), (B)에 들어갈 말로 가장 적절한 것은 ⑤ '개선 – 예지력'이다.
① 안정 – 조정력
② 안정 – 효율성
③ 지식 – 전략
④ 개선 – 우선순위 매김

[구문]

■ We never see any need for altering things [that are running smoothly].
→ [ ]는 things를 수식하는 관계절이다.

■ He would [look at the strengths of {what was being done}] and [try to build on **them**].
→ 두 개의 [ ]는 and로 연결되어 would에 이어진다. 첫 번째 [ ] 안의 { }는 전치사 of의 목적어 역할을 하는 명사절이고, 두 번째 [ ] 안의 them은 the strengths of what was being done을 대신한다.

[어휘 및 어구]

■ content 만족하는
■ alter 바꾸다, 변형하다
■ shipbuilding 조선업, 조선술
■ projective 예측적인, 계획하는
■ simplify 단순화하다
■ administration 행정, 관리
■ drift 추세, 동향, 표류
■ crisis management 위기관리

[41~42]　　　　　　정답 41. ③ 42. ⑤

[소재] 경제 성장의 이면

[해석]

'많을수록 더 좋다'라는 것의 우리 경제에 있어서의 해석은 '성장은 좋다'는 것이다. 현대 경제학은 성장을 숭배한다. 성장은 가난을 해결할 것이라는 이론이 있다. 성장은 우리의 생활 수준을 향상시킬 것이다. 성장은 실업률을 감소시킬 것이다. 성장은 우리를 인플레이션과 계속 발맞추어 나가게 할 것이다. 성장은 부자들의 지루함과 가난한 사람들의 비참함을 완화해 줄 것이다. 성장은 GDP를 늘리고, 다우 지수를 끌어올리고, 우리의 글로벌 경쟁자들을 이길 것이다. 밀물은 모든 배들을 들어 올린다, 그렇지?
우리가 간과하는 것은 경제 성장을 위한 모든 공급 원료가 자연에서 비롯되며, 최상의 상황에서조차도 자연은 무한하게 풍부하지는 않다는 것이다. 자원은 고갈될 수 있고 실제로 고갈된다.
자연에는 한계가 있다. 물리적인 수준에서 영원히 자라는 것은 없다. 모든 식물과 모든 동물은 생명 주기를 가지고 있다. 일단 최적의 크기에 도달하면 그것은 더 커지는 것을 멈추고 대신 생존과 번식에 생명 에너지를 투자한다. 또한 우리는 식물이나 동물의 모든 개체군은 에너지, 식량, 물, 토양, 공기라는 유한한 자원을 바탕으로 최대 수에 도달한 다음 크기가 안정화되거나 감소하기 시작한다는 것도 알고 있다. 개체 또는 특정 개체군이 자원 부족으로 인해 붕괴 또는 소멸되거나, 환경이 감당할 수 있는 수준에서 안정화되는 시점이 항상 온다.
지구 생태 용량 초과의 날이 생생히 보여 주듯이, 자연계의 이러한 근본적인 현실을 소중하게 생각함(→ 무시함)으로써, 우리 개인과 우리 경제는, 우리의 수요를 감당할 수 있는 지구의 수용 능력을 현재 넘어서고 있다.

[해설]

41. 현대 경제학은 성장을 숭배하지만, 경제 성장을 위한 모든 공급 원료가 자연에서 비롯되고 자연에서 나오는 자원은 무한하지 않고 성장에는 한계가 있을 수밖에 없으며, 결국 붕괴, 소멸 혹은 안정화의 단계로 항상 접어든다는 내용의 글이다. 따라서 글의 제목으로 가장 적절한 것은 ③ '성장 신화가 놓치는 것: 자연의 한계'이다.
① 많을수록 더 좋다: 행복을 위한 공식
② 희소성의 렌즈를 통해 경제학을 탐구하라
④ 성장함에 따라 사물에 대한 욕구가 변화할 것이다
⑤ 변화에 대한 실패: 경고 부족에서 비롯된 것이 아니다
42. 지구 생태 용량 초과의 날과 관련되어 설명하는 부분에서, 자원 공급에 한계가 있는 자연계의 근본적인 현실을 우리가 무시하고 있고 그 결과 우리 경제가 우리의 수요를 감당할 수 있는 지구의 수용 능력을 넘어서게 된다는 문맥이 되어야 글의 흐름이 자연스럽다. 따라서 (e)의 valuing을 ignoring과 같은 낱말로 바꾸어야 한다.

[구문]

■ [What we overlook] is [that {all the feedstock for economic growth comes from nature}, and {even under the best of circumstances, nature is not infinitely abundant}].
→ 첫 번째 [ ]는 주어 역할을 하는 명사절이고, 두 번째 [ ]는 is의 주격 보어 역할을 하는 명사절이다. 두 번째 [ ] 안에서 { }로 표시된 두 개의 절이 and로 연결되어 있다.

■ Once it reaches an optimal size it stops growing bigger, [investing life energy instead in its survival and reproduction].
→ [ ]는 주절의 상황에 부수하는 상황을 나타내는 분사구문이다.

[어휘 및 어구]

■ worship 숭배하다
■ standard of living 생활 수준
■ relieve 완화하다, 덜다
■ boredom 지루함
■ misery 비참함

정답 16.② 17.⑤

[소재] 야생 생물 보존을 위한 기술의 사용

W: Good morning, students. Have you ever thought about how technology is revolutionizing wildlife conservation? Let me tell you about some innovative methods to protect endangered species. Firstly, drones offer endless possibilities. They allow a unique view of wildlife. From measuring El Niño impacts to monitoring rare large birds in the sky or assessing Caribbean coral reefs in the ocean, drones have become essential tools for wildlife protection. Another incredible technology is 3D printers. Conservationists use them to create lifelike copies of animal parts, like horns or tusks, with GPS trackers inside. They use these copies to trick illegal hunters by making them target the artificial copies instead of actual animals. Additionally, satellites act as specialized trackers in space. They help track the journeys of animals. By analyzing their movements, conservationists can identify critical habitats and implement targeted conservation strategies. Lastly, many conservationists utilize a variety of mobile apps tailored to specific species' needs. For example, some mobile game apps can be used to report wildlife crimes, using storytelling to encourage broader public engagement. As you can see, technology enables us to safeguard our planet's precious biodiversity more effectively.

[해석]

여: 안녕하세요, 학생 여러분. 기술이 어떻게 야생 생물 보호에 혁신을 일으키고 있는지 생각해 본 적이 있나요? 멸종 위기종을 보호하는 몇 가지 혁신적인 방법에 대해 말씀드리겠습니다. 첫째, 드론은 무한한 가능성을 제공합니다. 그것은 야생 생물을 독특한 시각으로 관찰할 수 있게 해 줍니다. 엘니뇨의 영향을 측정하는 것부터 하늘의 희귀한 큰 새 관찰 혹은 바다의 카리브해 산호초 조사까지, 드론은 야생 생물 보호를 위한 필수 도구가 되었습니다. 또 다른 놀라운 기술은 3D 프린터입니다. 환경 보호 활동가들은 그것을 사용하여 뿔이나 엄니와 같은 동물 부위의 실제와 같은 모형을 만들고 내부에 GPS 추적기를 장착합니다. 그들은 이러한 모형을 사용하여 불법 사냥꾼들이 실제 동물이 아닌 인공 모형을 표적으로 삼도록 함으로써 사냥꾼들을 속입니다. 또한, 인공위성은 우주에서 전문적인 추적 장치 역할을 합니다. 그것은 동물의 경로를 추적하는 데 도움을 줍니다. 그것들의 움직임을 분석함으로써, 환경 보호 활동가들은 중요한 서식지를 파악하고 목표에 맞는 보호 전략을 실행할 수 있습니다. 마지막으로, 많은 환경 보호 활동가들은 특정 종의 필요에 맞춘 다양한 모바일 앱을 활용합니다. 예를 들어, 일부 모바일 게임 앱은 대중의 더 광범위한 참여를 장려하기 위해 스토리텔링을 활용하면서, 야생 생물 범죄를 알리는 데 사용될 수 있습니다. 보시다시피, 기술은 우리가 지구의 소중한 생물 다양성을 더욱 효과적으로 보호할 수 있게 해 줍니다.

[해설]

16. 여자는 멸종 위기종을 보호하는 혁신적인 방법들, 즉 야생 생물 보존을 위해 사용되는 몇 가지 혁신적인 기술들을 소개하고 있다. 그러므로 여자가 하는 말의 주제로 가장 적절한 것은 ② '야생 생물 보존을 위한 기술 활용'이다.
① 해양 생물 다양성 손실에 대한 우려
③ 야생 생물과 조화롭게 공존하기 위한 일상적인 행동
④ 환경 문제에 대한 기술적 해결책의 한계
⑤ 환경 보호를 위한 국제적 협력의 필요성

17. 여자는 drones(드론), 3D printers(3D 프린터), satellites(인공위성), mobile apps(모바일 앱)는 언급하지만, ⑤ '인공 지능'은 언급하지 않는다.

[어휘 및 어구]
■ revolutionize 혁신을 일으키다
■ wildlife 야생 생물
■ conservation 보존
■ endangered 멸종 위기의
■ conservationist 환경 보호 활동가
■ horn 뿔
■ tusk (코끼리의) 엄니
■ illegal 불법의
■ target 표적으로 삼다
■ satellite 인공위성
■ tracker 추적 장치
■ habitat 서식지
■ implement 실행하다
■ strategy 전략
■ utilize 활용하다
■ tailor 맞추다
■ engagement 참여
■ safeguard 보호하다
■ biodiversity 생물 다양성

18.

정답 ⑤

[소재] 서평 작성 요청

[해석]

친애하는 후원자 여러분께

안녕하세요! 여러분의 성원과 격려 덕분에, 저는 이 멋진 모험 이야기를 여러분께 전해 드릴 수 있게 되었습니다. 여러분의 성원 덕분에, 저는 글쓰기라는 긴 고된 길을 헤쳐 나갈 수 있었습니다. 작가로서, 저는 저의 작품을 널리 알리는 데 서평이 정말 얼마나 중요한지 알고 있습니다. 여러분이 저의 책을 구매한 온라인 서점에 서평을 남겨 주시면, 그것은 다른 사람들이 저의 책을 발견하고 그것이 자신에게 맞는지 판단하는 데 도움이 됩니다. 또한, 그것은 저에게 독자들이 어떤 점을 좋아했고 어떤 점을 그러지 않았는지에 관한 귀중한 피드백을 제공합니다. 그래서, 여러분이 저의 책을 읽고 마음에 드셨다면, 잠시 시간을 내어 서평을 남겨 주시면 정말 감사하겠습니다. 길거나 복잡할 필요도 없이, 이 책에 대한 여러분의 생각을 몇 마디 적어 주시면 대단히 도움이 될 것입니다. 여러분의 성원에 정말 감사드립니다!

Mark Mills 드림

[해설]

작가가 자신의 신작을 발간한 후, 독자들의 서평이 책 홍보, 다른 사람의 책 선택 기회 제공, 독자들의 호감도 조사에 도움이 됨을 밝히면서 서평을 남겨 달라고 요청하는 글이다. 따라서 글의 목적으로 가장 적절한 것은 ⑤이다.

[구문]
■ When you leave a review on online book stores [where you bought my book], it helps others [discover my book] and [decide whether it's right for them].
→ 첫 번째 [ ]는 online book stores를 수식하는 관계절이다. 두 번째와 세 번째 [ ]는 and로 연결되어 helps의 목적격 보어 역할을 한다.
■ Plus, it gives me valuable feedback on [what readers enjoyed] and [what they didn't].
→ 두 개의 [ ]는 and로 연결되어 전치사 on의 목적어 역할을 한다.

[어휘 및 어구]
■ encouragement 격려
■ adventure 모험
■ get the word out 널리 알리다, 말을 퍼뜨리다

■ valuable 귀중한
■ appreciate 감사하다
■ complicated 복잡한
■ incredibly 대단히, 매우, 놀라울 정도로

19.

정답 ②

[소재] 모스크바 박물관에서의 깨달음

[해석]

2007년 여름, 고생물학자로서 러시아 모스크바의 한 특별한 박물관을 방문하면서, 나는 손을 내밀어 5만 년이 된 화석을 집어 들었는데, 그것은 한때 시베리아 털코뿔소의 분리된 뿔이었다. 그 순간 나는 경외감으로 가득 찼다. 나는 당시 내 연구의 특정 주제였던 죽은 지 오래된 동물의 친밀한 일부를 손에 쥐고 있던 것이다. 하지만 뿔을 살펴본 순간, 이 코뿔소의 죽음, 그리고 사실은 그 종 전체의 죽음이 우리 종의 잘못이었을 수도 있다는 것을 깨달았다. 여기, 혼잡한 박물관의 하단 선반에 그 코뿔소의 뿔이 있었고, 주변에는 살아 있는 듯한 재조립된 동굴 사자 골격들이 인공 석양 아래 모두 누워 있었다. 그 장소는 전적으로 부당하게 느껴졌고, 이는 인간의 탐욕과 대조적으로 우리 조상들이 마주했던 생물학적 다양성을 가혹하게 상기시켜 주는 것이었다. 그 뿔을 집어 들기로 한 나의 결정은 갑자기 부끄러움과 죄책감이 뒤섞인 불편한 감정으로 바뀌었다.

[해설]

모스크바의 한 박물관에서 자신의 연구 주제인 시베리아 털코뿔소의 뿔을 집어 들고 경외감을 느꼈던 'I'가 우리 인간으로 인해 생물학적 다양성이 줄어든 현실에 부끄러워했다는 내용이다. 따라서 'I'의 심경 변화로 가장 적절한 것은 ② '황홀해하는 → 부끄러운'이다.
① 기뻐하는 → 두려워하는
③ 긴장하는 → 안심하는
④ 후회하는 → 기뻐하는
⑤ 혼란스러운 → 단호한

[구문]
■ But no sooner did I examine the horn than I realized [that this rhino's death, and indeed the death of its entire species, may have been our species' fault].
→ 부정어구 no sooner로 문장이 시작되어 조동사 did가 주어 I 앞에 놓이는 어순이 되었다. [ ]는 realized의 목적어 역할을 하는 명사절이다.
■ The setting felt entirely unfair, [a harsh reminder of the biological diversity {encountered by our ancestors} in contrast to our greediness].
→ [ ]는 The setting을 부가적으로 설명한다. 그 안의 { }는 the biological diversity를 수식하는 분사구이다.

[어휘 및 어구]
■ extraordinary 특별한, 독특한
■ isolated 분리된, 격리된
■ intimate 친밀한
■ examine 살펴보다, 검토하다
■ reassemble 재조립하다
■ encounter 마주하다
■ in contrast to ~과 대조적으로
■ embarrassment 부끄러움
■ guilt 죄책감

20.

정답 ⑤

[소재] 그린워싱(위장환경주의)의 진상(眞像)

[해석]

소매업계는 우리 중 더 많은 사람이 구매 선택을 깊이 고려하고 다양한 평가 기준에서 더 잘 기능하는 제품을 찾고 있다는 사실에 눈뜨고 있다. 이는 브랜드에는 기회인데,

그들은 재활용 페트병으로 만든 옷을 의무감으로 판매하는 한편, 다른 곳에서는 '기존 방식대로의 사업'을 아무 생각 없이 계속하고 있다. 물론 우리는 모두 어딘가에서 시작해야 하지만, 이러한 잘못된 방향, 즉 '그린워싱(위장환경주의)'은 우리가 인식해야 할 부분이다. 상황을 액면 그대로 받아들이지 말라. 다음과 같은 질문을 하라. 이 '친환경' 제품이 정말 더 나은 선택인가, 아니면 회사가 우리의 우려를 이용해 쉽게 돈을 벌려고 하는 중인가? 이 재활용 페트병 옷은 정말 수거된 해양 플라스틱으로 만들어진 것인가? 내가 그것들을 세탁할 때, 그것들이 얼마나 많은 미세 플라스틱 섬유를 폐수로, 그리고 결국 바다로 흘려보낼까? 때때로 '친환경'이라는 선택이 겉으로 보이는 것처럼 진정한 친환경적 선택이 아닐 수도 있다. 이러한 책임은 우리만의 책임이 아니어야 한다. 투명성이 핵심이고, 그래야 우리가 재활용 페트병 '울'이 이윤 창출이라는 명목으로 우리의 눈을 가리고 있지 않다는 것을 확신할 수 있다.

[해설]
재활용 페트병으로 만든 옷을 사례로 들어 그린워싱(위장환경주의)에 대한 경각심을 촉구하는 내용의 글이다. 소비자는 '친환경'으로 보이는 제품을 구매하는 것이 환경을 생각한 더 나은 선택인지, 회사가 이윤 창출을 목적으로 소비자를 속이고 있는 건 아닌지 경계해야 하며 이를 위해 기업의 투명성이 중요하다고 말하고 있다. 따라서 필자가 주장하는 바로 가장 적절한 것은 ⑤이다.

[구문]
■ Retail is waking up to the fact [that more of us are deeply considering our purchasing choices and are seeking items {that perform better on a variety of scales}].
→ [ ]는 the fact와 동격 관계이고, 그 안의 { }는 items를 수식하는 관계절이다.
■ This is an opportunity for the brands, [who dutifully market clothes {made from recycled PET bottles} while they merrily pursue 'business as usual' elsewhere].
→ [ ]는 the brands를 부가적으로 설명하는 관계절이고, 그 안의 { }는 clothes를 수식하는 분사구이다.

[어휘 및 어구]
■ dutifully 의무감으로
■ merrily 아무 생각 없이
■ misdirection 잘못된 방향
■ at face value 액면 그대로
■ be out to do something ~을 하려고[얻으려고] 하는[애쓰는] 중이다
■ ultimately 결국
■ responsibility 책임
■ profiteering (부당) 이윤[폭리] 창출

21. 정답 ①

[소재] 수집자의 의도에 따라 구성되는 데이터

[해석]
일반적으로 데이터는 누군가가 그것을 생성했기 때문에 존재한다. '미가공' 데이터는 존재하지 않는다. 기업이든, 연구자이든, 아니면 정부이든, 누군가는 관심 주제(예를 들어 나뭇잎의 모양과 크기), 그들이 탐구하고 싶은 질문(나무마다 잎 모양과 크기가 다른 이유), 그들이 그 질문에 답할 증거를 찾는 일을 시작할 수 있는 방법(세계 여러 지역의 나뭇잎 수집)을 결정해야 한다. 이는 데이터 수집가가 데이터 원천(나뭇잎)으로부터 데이터를 수집하는 과정으로 알려져 있다. 이 예시에서, 데이터 수집자는 나뭇잎의 어떤 특징을 자신이 기록하고 싶은지 결정하고, 다양한 나뭇잎의 특징을 모두 기록한 원장(컴퓨터 스프레드시트 또는 종이 노트)를 만든 다음 분석을 수행해야 한다. 아마 그들은 크기와 모양을 강조하다 보면 나뭇잎의 질감이나 냄새는 무시할 것이다. 데이터는 바로 그 구성 방식으로

인해 필연적으로 현실 세계의 제한된 관점만을 보여 준다.

[해설]
나뭇잎 연구를 예시로 데이터를 수집하고 구성하는 방식을 설명하는 글이다. 데이터 수집자가 관심 주제, 탐구하고자 하는 질문, 그 질문에 답할 증거를 찾는 방법을 결정하는 일련의 데이터 수집 및 구성 과정은 수집된 데이터가 현실 세계의 (수집자의) 제한된 관점만을 보여 주게 한다고 했으므로, 밑줄 친 부분이 글에서 의미하는 바로 가장 적절한 것은 ① '데이터 수집은 수집자의 의도와 결정에 따라 제한된다.'이다.
② 데이터 수집 과정은 현실의 완벽한 표현을 보장한다.
③ 연구자들은 자연의 아름다움과 복잡성의 모든 영역을 감상할 수 있다.
④ 데이터 수집자는 원자료가 주어졌을 때 때때로 잘못된 결정을 내린다.
⑤ 다양한 감각적 차원은 주제를 보다 완전히 이해하는 데 도움이 된다.

[구문]
■ Someone, be it a corporation, a researcher, or a government, has to decide on [a topic of interest (say, leaf shapes and sizes)], [a question {they want to explore (why trees have differently shaped and sized leaves)}], and [how they might go about finding evidence to answer that question (collect leaves from different areas of the world)].
→ 세 개의 [ ]는 and로 연결되어 전치사 on의 목적어 역할을 한다. 두 번째 [ ] 안의 { }는 a question을 수식하는 관계절이다.
■ In this example, data collectors must [decide {what characteristic of leaves they want to record}], [create a ledger (in a computer spreadsheet, or in paper notebook) with all of the recordings of various leaf characteristics], and [do their analysis].
→ 세 개의 [ ]는 and로 연결되어 must에 이어진다. 첫 번째 [ ] 안의 { }는 decide의 목적어 역할을 하는 명사절이다.

[어휘 및 어구]
■ in general 일반적으로
■ be it ~ or ... ~이든지 …이든지 간에
■ corporation 기업
■ explore 탐구하다
■ go about ~을 시작하다
■ characteristic 특징
■ emphasize 강조하다
■ leave out ~을 무시하다, ~을 생략하다
■ constitution 구성[구조] 방식, 헌법
■ perspective 관점

22. 정답 ③

[소재] 잘못된 행동의 지속 허용에 대한 거부

[해석]
더 큰 선(善)을 보호하기 위한 방법으로서 어떤 행동이 지속되도록 놔두려고 하지 않는 것은 추상적이고 점진적인 거부 방법이다. 이는 가령 캠페인, 시위, 풀뿌리 지역 사회 운동 단체 같은, 더 큰 힘에 맞선 공개적이고 대중적인 저항의 태도라는 모습을 취할 수 있다. 매일, 파괴적인 오일 샌드 송유관 건설은 활동가들에 의해 중단되고, 토착민의 신성한 땅을 파괴하는 것에 반대하는 시위가 있으며, 글로벌 음료 기업들이 회수를 거의 고려하지 않은 채 수백만 개의 일회용 플라스틱병을 만들기 때문에 (그리고 흔히, 이것들은 결국 작은 조각으로 부서져, 우리 바다를 오염시키고, 의심하지 않는 바닷새가 자기 새끼에게 먹이로 주는데, 그것은 결국에 영양 결핍이나 장폐색 때문에 죽게 될 것이기 때문에) 캠페인 활동가들은 그들의 제품에 대해 불매 운동을 한다. 송유관이 플라스틱병이 되는 석유를 운반하는 것처럼, (자원을) 추출하고 개발하는 우리의 현재

생활 방식에서는 모든 것이 연결되어 있고, 이는 대체로 우리의 자연 세계에 해롭다. 어떤 일이 지속되도록 놔두려고 하지 않는 것은 변화를 만드는 데 엄청나게 강력하다.

[해설]
캠페인, 시위, 제품 구매 거부 등 환경 파괴를 유발하는 기업에 대중들과 활동가들이 저항하는 사례를 들어, 잘못된 행동이 지속되도록 놔두려고 하지 않는 것이 변화를 일으키는 데 엄청나게 강력하다는 내용의 글이다. 따라서 글의 요지로 가장 적절한 것은 ③이다.

[구문]
■ [Refusing to allow an action {to continue}, as a way of protecting the greater good], is an abstract and gradual way of saying no.
→ [ ]는 문장의 주어 역할을 하는 동명사구이고, 그 안의 { }는 allow의 목적격 보어 역할을 하는 to부정사구이며, is는 문장의 술어 동사이다.
■ [Everything in our current extractive and exploitative way of life] is linked—the pipeline carries the oil [that becomes the plastic bottle]—and largely to the detriment of our natural world.
→ 첫 번째 [ ]는 문장의 주어 역할을 하는 명사구이고, 두 번째 [ ]는 the oil을 수식하는 관계절이다.

[어휘 및 어구]
■ good 선(善), 미덕
■ abstract 추상적인
■ gradual 점진적인
■ stand of resistance 저항의 태도
■ grassroots 풀뿌리의, 대중[민중]의
■ oil sand 오일샌드(원유를 포함하는 모래 혹은 사암)
■ sacred 신성한
■ boycott 불매 운동을 하다, 구매를 거부하다
■ with little regard to ~을 거의 고려하지 않은 채
■ unsuspecting 의심하지 않는, 이상한 낌새를 못 채는
■ ultimately 결국에, 궁극적으로
■ nutrient 영양소
■ blockage 폐색, 장애(물)
■ extractive (자원을) 추출하는, 뽑아내는

23. 정답 ③

[소재] 정보와 지침 제공자로서의 미디어

[해석]
우리 중 많은 사람이 단지 무슨 일이 일어나고 있는지뿐만 아니라 왜, 그리고 만약 있다면, 어떤 조치를 취해야 하는지 알기 위해 미디어에 의존한다. 우리는 국가 지도자들의 결정을 알기 위해 신문 사설을 읽고 이러한 결정에 우리가 동의하는지에 대한 결론을 내릴 수도 있다. 우리는 *Money*와 *Barron's*와 같은 금융 잡지가 투자 수단이 어떻게 작동하고 어떤 수단을 선택해야 하는지 알고자 하는 사람들의 관심을 끌기 위해 쓰인다는 것을 알고 있다. 또한 우리는 도서관, 서점, 일부 웹사이트가 자녀 양육부터 울벽 설치, 존엄한 죽음에 이르기까지 '방법'에 관한 주제를 전문으로 다룬다는 사실을 알고 있다. 어떤 주제에 대해 진정으로 혼란스러워하는 일부 사람들은 대중 매체를 가장 유용한 해답의 원천으로 여긴다. 예를 들어, 13세 이하의(9세에서 12세의) 아이들은 여성과 남성이 서로에게 로맨틱하게 행동하는 이유를 알고 싶을 수도 있지만 부모에게 물어보기가 부끄럽다고 느낄 수도 있다. 그들은 끌림이 어디서 오는지 그리고 적절한 행동이 무엇인지에 대해, 이를테면 *Spiderman*, *Oprah*, Justin Timberlake의 음악, *Mad* 잡지에서 꽤 다양한 의견을 접할 수도 있다.

[해설]
우리는 신문 사설, 금융 잡지, 일부 웹사이트, 영화, 음악 등 여러 형태의 미디어를 통해 다양한 주제에 관한 정보를 접하고 해답을 얻는다는 내용의 글이다. 따라서 글의 주제로 가장 적절한 것은 ③ '다양한 주제에 대한 정보와 지침을 제공하는 미디어의 역할'이다.

① 대중 매체가 여론을 반영하려는 시도의 이점
② 온라인에서 개인 맞춤형 뉴스에 노출될 위험
④ 미디어를 통해 전달되는 사실에 관한 사람들의 해석 차이
⑤ 더 많은 시민이 공공 행동에 참여하도록 하는 데 대중 매체의 실효성

[구문]
■ We know [that financial magazines such as *Money* and *Barron's* are written to appeal to people {who want to understand 〈how investment vehicles work〉 and 〈which ones to choose〉}].
→ [ ]는 know의 목적어 역할을 하는 명사절이고, 그 안의 { }는 people을 수식하는 관계절이다. 그 안에서 두 개의 〈 〉는 and로 연결되어 understand의 목적어 역할을 한다.
■ Some people [who are genuinely confused about some topics] find mass media [the most useful sources of answers].
→ 첫 번째 [ ]는 Some people을 수식하는 관계절이고, 두 번째 [ ]는 find의 목적격 보어 역할을 하는 명사구이다.

[어휘 및 어구]
■ turn to ~에 의존하다
■ action (정부·의회·위원회 등에 의한) 결정, 조치
■ conclusion 결론
■ appeal to ~의 관심을 끌다, ~에게 호소하다
■ vehicle 수단
■ specialize in ~을 전문적으로 다루다
■ retaining wall 옹벽, 방파벽
■ dignity 존엄(성)
■ genuinely 진정으로
■ confused 혼란스러운
■ attraction 끌림, 매력
■ appropriate 적절한

24.
정답 ④

[소재] 사회적 약자의 집단적 분노 표현이 갖는 의의

[해석]
정말로 우리는 분노가 감정의 목록 중에서 독특한 것으로 생각할 수도 있다. 우리는 '급하게 분노한다' 또는 '사랑에 빠진다'라고 말한다. 희망은 영원히 '샘솟는다'. 수치심과 굴욕감은 사람들에게 일어나는 상태인데, 그것들은 수치를 '느끼다', 굴욕'스럽다'와 같은 수동태를 포함한다. 물론 감정의 영역에서 정의와 구별은 모호하다. 그러나 마치 분노는 의도성을 위한 여지를 제공하는 것처럼 보이는데, 그것은 우리가 그것(분노)을, 특히 어떤 이유로든 자신의 주장을 강하게 말할 수 있는 방편이 거의 없고, 주변부 지위나 존중받지 못하는 위치로 인해 다수가 그들의 불만을 무시하거나 (가치가 없는 것으로) 치부하기 쉬운 사람들을 위해, 특정한 목적 달성을 위한 전략적 활용에 적합한 감정으로 여기도록 만든다. 집단적이고 지속적인 분노의 표현은 그들의 주장을 대중 공론의 장으로 들어오게 하는 역할을 할 수 있는데 '우리가 여기 있다!'라고 말하기 위해서라도 그러하다. 그렇다면 우리는 분노를 James Scott이 말한 '약자의 무기' 중 하나로 여길 수도 있다.

[해설]
주변부 지위나 존중받지 못하는 위치에 있는 사회적 약자에게는 집단적이고 지속적인 분노 표현이 그들의 주장을 공론화할 수 있는 전략일 수 있다는 내용의 글이다. 따라서 글의 제목으로 가장 적절한 것은 ④ '분노의 목소리: 약자에게 힘을 실어 주기'이다.
① 분노가 주는 교훈: 더 나쁜 방향으로의 전환
② 분노는 행동으로 분류되는 것이 가장 좋을까, 아니면 상태로 분류되는 것이 가장 좋을까?
③ 부정적인 감정은 긍정적인 감정보다 더 빨리 전이된다
⑤ 국제적 지원: 소수 집단을 위한 마지막 희망

[구문]
■ Indeed, we might consider [that resentment is unique within the repertory of emotions].
→ [ ]는 consider의 목적어 역할을 하는 명사절이다.
■ ~ for its strategic deployment toward particular ends, especially for those [who, for one reason or another, find themselves with few resources to assert their claims], [whose marginal status or demeaned position make **it** easy {for the majority to ignore or discount their grievances}].
→ 첫 번째 [ ]는 those를 수식하는 관계절이고, 두 번째 [ ]는 those who ~ claims를 부가적으로 설명하는 관계절이다. 두 번째 [ ] 안에서 it은 형식상의 목적어이고, { }는 내용상의 목적어이다.

[어휘 및 어구]
■ spring 샘솟다, (갑자기) 뛰어오르다
■ humiliation 굴욕
■ imply 포함하다, 함축하다
■ distinction 구별, 구분
■ deliberateness 의도성, 의도적임
■ strategic 전략적인
■ end 목적, 수단
■ assert 강하게 말하다, 주장하다
■ marginal 주변부의, 중요하지 않은
■ grievance 불만
■ public sphere 대중 공론의 장, 공적 공간

25.
정답 ③

[소재] 미국 내 반려동물 시장 매출

[해석]
위 그래프는 2018년부터 2022년까지 미국 내 네 가지 다른 반려동물 제품 범주의 시장 판매량을 보여 준다. 미국 반려동물 시장은 이 기간 내내 총매출의 꾸준한 성장을 보였다. 매출이 가장 높은 해는 2022년으로, 2018년 조사 시작 이후 대략 400억 달러가 증가했다. 5년 동안의 조사에서 두 번째로 높은 매출은 2021년의 총매출이었으며, 그중 가장 많은 양은 '수의사 진료 및 제품 판매'였다. 2018년과 2019년에 모두, 반려동물 시장 매출은 1,000억 달러에 미치지 못했다. 5년 동안 매년, '기타 서비스'가 가장 낮은 점유율을 차지했고, '용품, 살아 있는 동물 및 일반 의약품'이 두 번째로 낮은 점유율을 차지했다.

[해설]
5년 동안의 조사에서 2021년의 총매출이 두 번째로 높은 것은 사실이지만, 그중 가장 큰 비중은 '사료 및 간식'이므로, 도표의 내용과 일치하지 않는 것은 ③이다.

[구문]
■ In the five-year survey, the second highest was the total sales for the year 2021, [the most significant amount of which came from 'Vet care & product sales.']
→ [ ]는 the total sales for the year 2021을 부가적으로 설명하는 관계절이다.

[어휘 및 어구]
■ witness 보이다, 목격하다
■ consistent 꾸준한, 일관된
■ approximately 대략
■ significant 많은, 큰, 중대한
■ amount to ~에 미치다[이르다], ~에 달하다
■ account for ~을 차지하다

26.
정답 ⑤

[소재] Lesser Nighthawk

[해석]
Lesser Nighthawk는 둥근 날개와 상당히 긴 꼬리를 가진 작은 쏙독새다. 날 때 그것은 길고 날씬해 보이지만, 나뭇가지 위에 앉아 있을 때는 작고 납작한 머리에 다소 풍만한 몸집으로 보인다. 그것은 거의 보이지 않는 매우 작고 얇은 부리와 아주 작은 다리를 가지고 있다. 그것이 비행을 시작해야만 날개 끝을 가로지르는 뚜렷한 띠가 보인다. 그 띠는 수컷은 흰색이고 암컷은 크림색이다. 낮 동안에 Lesser Nighthawk는 땅이나 나무나 관목에서 위장한 채 휴식을 취한다. 해 질 녘과 새벽에, 그것은 날개를 펴고 나는데, 땅과 관목과 나무 꼭대기를 훑으며 입을 벌려 날아다니는 곤충을 잡아먹는다. 그것이 날개를 V자 모양으로 편 채로 날개를 펄럭이고 미끄러지듯 날아다니는 모습은 나비와 같다. Lesser Nighthawk는 사막, 개활지, 관목이 우거진 지역에서 발견될 수 있다. 그것은 떼를 지어 다니는 곤충을 찾아다니고, 스포츠 경기에서와 같은 밝은 곳에서 먹이를 먹는 모습을 볼 수 있다.

[해설]
스포츠 경기에서와 같은 밝은 곳에서 먹이를 먹는 모습을 볼 수 있다고 했으므로, 글의 내용과 일치하지 않는 것은 ⑤이다.

[구문]
■ They have a very small, thin bill [that is nearly invisible] and tiny legs.
→ [ ]는 a very small, thin bill을 수식하는 관계절이다.
■ During the day, Lesser Nighthawks rest, [camouflaged on the ground or in a tree or shrub].
→ [ ]는 주절이 기술하는 상황에 부수하는 상황을 나타내는 분사구문이다.

[어휘 및 어구]
■ fairly 상당히, 꽤
■ nearly 거의
■ invisible 보이지 않는
■ distinctive 뚜렷한
■ skim 훑고 지나가다
■ flap (새가) 날개를 펄럭이며 날다
■ glide 미끄러지듯 가다
■ scrubby 관목이 우거진
■ swarm 떼[무리]를 지어 다니다

27.
정답 ④

[소재] Be a Nestwatcher

[해석]

Be a Nestwatcher

새 애호가이신가요? 새의 번식 행동을 직접 배우면서 과학에 기여하고 싶으신가요? 그렇다면 이 전국적인 조류 관찰 프로젝트에 참여하세요!

대상: 새에 관심이 있는 사람이라면 누구나 참여 가능
※ 어린이는 새 둥지를 관찰할 때 항상 어른과 동행해야 합니다.

참여 방법
1. 웹사이트나 모바일 앱의 지시 사항을 따르기만 하면 됩니다.
2. 제공된 유용한 팁을 사용하여 새 둥지를 찾으세요.
3. 3~4일마다 둥지를 방문하여 보이는 것을 기록하세요.
4. 웹사이트 또는 모바일 앱에서 체크리스트를 작성하여 이 정보를 보고하세요.
※ 가능하다면 사진이나 동영상과 같은 시각적 기록물도 함께 올려 주세요.

프로젝트 세부 정보
• 장소, 서식지, 종, 알의 개수, 새끼의 수를 포함하여 관찰해야 합니다.
• 연구원들은 여러분의 관찰 보고 내용을 활용하여 새를 더 잘 이해하고 연구할 것입니다.

자세한 내용을 알아보고 참여하려면 beanestwatcher.org를 방문하거나 모바일 앱을 내려받으세요.

[해설]

가능하다면 사진이나 동영상과 같은 시각적 기록물도 함께 올려 달라(Please upload visual recordings such as pictures or videos too, if possible.)고 했으므로, 안내문의 내용과 일치하지 않는 것은 ④이다.

[구문]

- Visit the nest every 3–4 days and record [what you see].
→ [ ]는 record의 목적어 역할을 하는 명사절이다.

[어휘 및 어구]

- enthusiast 애호가, 열광적인 팬
- contribute to ~에 기여하다
- firsthand 직접
- nationwide 전국적인
- accompany 동행하다
- complete 작성하다, 완성하다
- observation 관찰, 관찰 정보[기록]
- habitat 서식지
- species 종
- participate 참여하다

28. 정답 ④

[소재] Adventure Week

[해석]

Adventure Week

Adventure Week는 아이들이 다양한 협동 활동을 하면서 자립심을 기를 수 있는 아주 좋은 기회입니다!

날짜 및 시간: 8월 19일 월요일부터 8월 23일 금요일까지, 매일 오전 10시부터 오후 4시까지

장소: Vebry 환경 센터

티켓
- 가족 중 첫 번째 등록하는 자녀: 100달러
- 형제자매: 90달러
※ 참가 신청은 인기 있는 발권 서비스인 www.eventallaround.com에서 온라인으로 하세요.

환불 정책
- 환불을 요청하려면 주최 측에 문의하세요.
- 발권 서비스 이용 수수료는 환불되지 않습니다.

활동
- 야생 생존 기술 워크숍을 포함한 숲속에서의 팀 프로젝트
- 우리 지역 식재료를 활용하는 요리
- 다양한 공예 활동과 게임

저희는 귀하의 자녀를 위한 픽업 서비스를 제공하지 않습니다. 오전 10시에 도시락 및 적절한 복장과 함께 자녀를 내려 주시고 오후 4시에 다시 데리러 오세요.

[해설]

활동 목록에 우리 지역 식재료를 활용하는 요리 활동 (Cooking using our local ingredients)이 있으므로, 안내문의 내용과 일치하는 것은 ④이다.

[구문]

- Adventure Week is an excellent opportunity [**for children** {to gain independence as they engage in various cooperative activities}]!
→ [ ]는 an excellent opportunity를 구체적으로 설명하는 to부정사구인데, for children은 { }로 표시된 to부정사구의 의미상의 주어를 나타낸다.

[어휘 및 어구]

- excellent 아주 좋은, 훌륭한
- independence 자립[독립]심
- engage in ~을 하다, ~에 참여[종사]하다
- various 다양한
- cooperative 협동적인
- sibling 형제자매
- registration 참가 신청, 등록
- contact 문의하다, 연락하다
- refund 환불
- wilderness 야생, 황야
- ingredient 식재료
- pick up ~을 데리러 오다[가다]

29. 정답 ⑤

[소재] 향기 마케팅의 효과

[해석]

마케팅 담당자들은 후각이 매우 설득력 있는 감각일 수 있다는 사실을 믿게 되는 듯 보이며 확실히 소비자들이 다양한 향기에 노출될 수 있도록 하는 새롭고 혁신적인 방법을 점점 더 많이 개발하고 있다. 이러한 방법이 취하는 형태는 긁어서 향을 맡는 카드부터 추출 방식의 매장 진열 제품까지 다양할 수 있다. 소매업자와 마케팅 담당자는 종종 소비자를 유인하고 설득하기 위한 수단으로 향기를 활용한다. 예를 들어, 많은 슈퍼마켓이 갓 구운 제과류 냄새가 매장을 가로질러 이동하게 만드는 것은 이 때문이다. 기본적으로 그것들은 행복하거나 편안한 분위기를 조성하고자 집 환경에 대한 긍정적인 기억을 불러일으키길 바라는 것이다. 냄새가 맥락과 관련된 감정적으로 강한 기억을 자동으로 끌어내는 능력이 있다는 탄탄한 증거를 고려해 봤을 때, 연구는 이러한 접근법의 타당성을 뒷받침한다. 실제로, 많은 증거가 냄새와 관련된 기억이 다른 감각 입력 방식을 통해 생성된 기억보다 더 큰 정서적 영향을 구현하는 경향이 있음을 보여 준다. 따라서 신선한 빵 냄새는 그 빵이 만들어진 가정적 맥락과 연관된다. 이 냄새를 다시 접하면 집에서 빵을 구울 때의 즐거움에 관한 기억을 소환하는 연결 고리가 있는 것이다.

[해설]

⑤ 문장의 전체 구조를 보면 the smell of fresh bread는 문장의 주어로, becomes를 술어 동사로, 그 뒤에 이어지는 associated를 주격 보어로 보는 것이 타당하다. 따라서 현재분사 형태를 한 becoming은 술어 동사의 형태인 becomes로 고쳐야 한다.
① a means를 수식하는 to부정사구는 어법상 옳다.
② 과거분사 baked를 수식하는 부사 freshly는 어법상 옳다.
③ well-founded evidence의 구체적 내용을 설명하는 동격절을 이끄는 접속사 that은 어법상 옳다.
④ memories를 대신하는 대명사 those는 어법상 옳다.

[구문]

- Marketers [seem to be persuaded by the fact {that a nose can be a very persuasive sense}] and [are increasingly developing new and innovative ways {to ensure consumers are exposed to an array of fragrances}].
→ 두 개의 [ ]는 and로 연결되어 Marketers의 술어 역할을 한다. 첫 번째 [ ] 안의 { }는 the fact와 동격 관계이고, 두 번째 [ ] 안의 { }는 new and innovative ways를 수식하는 to부정사구이다.
- Thus the smell of fresh bread becomes associated with the homely context [in which it is made].
→ [ ]는 the homely context를 수식하는 관계절이다.

[어휘 및 어구]

- persuasive 설득력 있는
- innovative 혁신적인
- expose 노출시키다, 드러내다
- an array of 다양한, 다수의
- fragrance 향기
- scratch and sniff card 긁어서 향을 맡는 카드
- retailer 소매업자
- utilize 활용하다
- entice 유인하다
- trigger 불러일으키다
- automatically 자동으로
- indicate 보여 주다, 나타내다
- embody 구현하다
- extract 소환하다, 추출하다
- pleasantness 즐거움

30. 정답 ⑤

[소재] 소비자가 불매 운동에 참여하지 않는 이유

[해석]

불매 운동을 꺼리는 소비자들은 종종 소위 '작은 주체' 가정을 반론으로 사용한다. 소비자의 불매 운동 참여 동기는 다른 소비자들의 전체적인 구매 결정에 비해 자기 자신의 구매 행동의 무게가 작다고 확신할수록 감소한다. 특히, 작은 주체 문제는 불매 운동 요구의 수와 함께 증가한다. 활동가들은 소셜 미디어를 통해 쉽고, 빠르고, 저렴하게 불매 운동을 요구할 수 있기 때문에 불매 운동 요구의 수가 계속 증가하고 소비자들은 점점 불매 운동에 동참하거나 온라인 불매 운동 지지 청원에 서명하도록 요청받는다. 그러나 이는 소비자에게 선택의 과부하를 유발한다. 어떤 불매 운동 요구가 중대하고 실제로 의의가 있을까? 어떤 요구를 그들이 따라야 할까? 이러한 의심이 궁극적으로 참여 의지와 불매 운동 요구의 효과를 떨어뜨린다. Yuksel과 동료 연구자들은 불매 운동 선택 과부하가 작은 주체 주장과 함께 작용한다는 실증적 근거를 제시했다. 그들의 연구는 흥미로운 조절된 매개 효과를 보여 준다. 즉 (적은 선택 집합에 비해) 많은 불매 운동 선택 집합에 직면한 소비자는 작은 주체 합리화를 거부할(→ 할) 가능성이 더 크다. 결과적으로, 그들은 불매 운동을 지지하는 청원에 서명할 가능성이 더 낮다.

[Culture Note]
moderated mediation effect(조절된 매개 효과) 통계 분석 용어로, 하나의 변수가 다른 변수에 미치는 영향이 세 번째 변수(조절변수)의 수준에 따라 달라질 수 있음을 나타내는 효과를 의미한다. 이는 변수 간의 관계가 항상 일정하지 않고 상황에 따라 변할 수 있음을 보여 주며, 복잡한 현실 세계의 관계를 이해하는 데 필수적이다.

[해설]

소비자는 자신의 구매 행동이 그리 중요하지 않다('작은 주체')고 생각할 때 불매 운동에 참여하지 않는 경향을 보이고, 불매 운동 요구가 많으면 선택의 과부하로 인해 불매 운동 참여 의지가 떨어진다는 내용의 글이다. '작은 주체' 주장과 불매 운동 선택 과부하가 함께 작용한다는 실증적 근거가 제시되었으므로 많은 불매 운동 선택에 직면한 소비자는 '작은 주체'를 합리화할 가능성이 더 클 것으로 추론할 수 있다. 따라서 ⑤의 reject를 engage in과 같은 말로 바꾸어야 한다.

[구문]

- [Consumers' motivation to participate in a boycott] **decreases** the more they are convinced [that the importance of their own buying behaviour is small compared to the aggregate buying decision of other consumers].
→ 첫 번째 [ ]는 문장의 주어 역할을 하는 명사구이고, decreases는 술어 동사이다. 두 번째 [ ]는 convinced의 의미를 보충한다.
- Consumers [facing a large boycott-choice-set (compared to a small choice-set)] will more likely engage in the small-agent rationalisation.
→ [ ]는 Consumers를 수식하는 분사구이다.

[어휘 및 어구]

- unwilling 꺼리는, 마지못한
- boycott 불매 운동을 하다; 불매 운동
- assumption 가정

- counter argument 반론, 반박
- motivation 동기
- convinced 확신하는
- compared to ~에 비해, ~과 비교하면
- notably 특히
- via ~을 통해
- provoke 유발하다
- overload 과부하
- relevant (사람들의 삶 등에) 의의가 있는[유의미한]
- uncertainty 의심, 불확실성
- ultimately 궁극적으로, 결국
- go hand in hand 함께 작용하다, 관련되다
- rationalisation 합리화

31. 　　　　　　　　정답 ①

[소재] 민주주의의 유용성

[해석]
사람들의 가치와 선호를 모으는 것 외에도, 민주주의는 무엇이 진실인지에 관한 사람들의 의견을 모으는 방법으로도 매우 유용할 수 있다. 예를 들어, 질문에 대한 가능한 답에 대해 표결할 때, 많은 비전문가는 흔히 전문가가 제시할 것에 못지않은 훌륭한 답에 도달한다. 예를 들어, Galaxy Zoo 프로젝트에서, 수십만 명의 온라인 자원자는 천문학자들을 돕기 위해 그들이 이전에 망원경을 통해 관측한 우주의 먼 곳에 있는 백만 개의 은하의 모양과 기타 특징을 분류하고 있다. 한 자원자가 천체 하나를 잘못 분류할 수도 있지만, 많은 자원자가 같은 천체를 보고 그것을 어떻게 분류해야 할지에 대해 표결할 때, 그 집단의 투표 결과는 매우 정확하여, 소수의 전문가가 하고 있을 때보다 훨씬 더 빠르게 분류가 이루어질 수 있다.

[해설]
가치와 선호를 모으는 것 외의 민주주의의 유용성에 관해 설명하는 글이다. 다수가 참여할 때, 전문가 못지않은 답에 도달할 수 있고, 한 사람의 실수가 있더라도 정확하게 분류를 해낼 수 있다는 내용인데, 훌륭한 답을 찾고 정확히 분류하는 것은 진실을 찾는 것에 상응하므로, 빈칸에 들어갈 말로 가장 적절한 것은 ①이다.
② 상대적인
③ 실용적인
④ 창의적인
⑤ 관대한

[구문]
- For instance, when lots of nonexperts vote on possible answers to a question, they often arrive at an answer [that is just as good as one {that an expert would give}].
→ [ ]는 an answer를 수식하는 관계절이다. 그 안의 one은 an answer를 대신하고, { }는 one을 수식하는 관계절이다.
- ~, [when many volunteers {look at that same object} and {vote on how to classify it}], the results of the group's votes are extremely accurate, [allowing the classification to happen much faster than if it were being done by a handful of experts].
→ 첫 번째 [ ]는 시간을 나타내는 부사절이고, 그 안의 두 개의 { }는 and로 연결되어 many volunteers의 술어 역할을 한다. 두 번째 [ ]는 주절이 기술하는 상황에 부수하는 상황을 나타내는 분사구문이다.

[어휘 및 어구]
- democracy 민주주의
- expert 전문가
- volunteer 자원자, 자원봉사자
- astronomer 천문학자
- classify 분류하다
- characteristic 특징
- distant 먼 곳에 있는, (멀리) 떨어진

- previously 이전에
- observe 관측[관찰]하다
- telescope 망원경
- mistakenly 잘못(하여), 실수로
- astronomical object 천체
- extremely 매우
- accurate 정확한
- a handful of 소수의

32. 　　　　　　　　정답 ③

[소재] 의료 상황에서의 닻 내리기 현상

[해석]
숙련된 전문가조차도 닻 내리기(앵커링), 즉 결정을 내릴 때 개인이 받는 첫 정보에의 지나친 의존에 영향받을 수 있다. 예를 들어, 한 젊은 여성이 인후통, 발열, 몸살 증상으로 응급실에 왔다. CT 스캔 결과 그녀의 갑상샘에 덩어리가 보였고, 암이 초기 진단으로 나왔다. (갑상샘암은 과잉 진단되는 경향이 있고 젊은 사람에게는 흔치 않다는 점에 주목하라.) 그녀는 진단과 치료를 위해 내분비외과에 의뢰되었다. 그곳에서 검사받기를 기다리는 동안, 그녀는 더 악화하는 증상으로 응급실에 계속해서 돌아왔다. 그녀는 먹거나 마시지 못했고, 여러 가지 다른 증상을 겪었으며, 암 진단을 받아들이고 있었다. 마침내 그녀가 내분비외과 의료진의 진단을 받았을 때 초음파 검사는 그녀에게 박테리아 감염으로 인한 농양이 있음을 강력하게 보여 주었다. 그녀의 치료는 잘 진행되었고 증상은 사라졌다. 만약 그녀가 초기에 초음파 검사(저렴하면서 비침습적인 검사)를 받았다면 그녀는 몇 주간의 끔찍한 시간을 겪지 않아도 되었을 것이다. 하지만 암 진단이라는 닻은 다른 진단 작업을 방해했다.

[해설]
실제로는 박테리아 감염으로 인한 농양을 갑상샘암으로 진단받은 환자의 사례를 들어 의료 상황에서 발생할 수 있는 닻 내리기 현상에 관해 설명하는 글이다. 초기에 초음파 검사를 받았다면 몇 주간의 끔찍한 시간을 겪지 않아도 되었을 것으로 말하고 있으므로, 암이라는 초기 오진은 농양 진단과 치료에 방해가 되었음을 추론할 수 있다. 따라서 빈칸에 들어갈 말로 가장 적절한 것은 ③이다.
① 수술을 받도록 준비시켰다
② 추후 치료 방향을 제시했다
④ 질병의 심각성을 보여 줬다
⑤ 외과 의사와 환자 간의 관계에 해를 끼쳤다

[구문]
- When she was finally evaluated by the endocrine surgery staff, an ultrasound strongly suggested [she had an abscess as a result of a bacterial infection].
→ [ ]는 suggested의 목적어 역할을 하는 명사절이다.
- **Had she** initially gotten an ultrasound (an inexpensive, noninvasive test), she could have been spared several terrifying weeks.
→ 가정의 부사절에서 If가 생략되면서 조동사 Had가 주어 she 앞에 놓이는 어순이 되었다.

[어휘 및 어구]
- experienced 숙련된
- professional 전문가
- reliance 의존
- emergency department 응급실, 응급 부서
- initial 초기의
- diagnosis 진단
- refer to ~에게 의뢰[문의]하다, ~을 언급하다
- repeatedly 계속해서, 반복적으로
- multiple 여러 가지(의), 많은
- evaluate 진단하다, 평가하다
- ultrasound 초음파 검사
- infection 감염
- noninvasive 비침습적인

- terrifying 끔찍한

33. 　　　　　　　　정답 ①

[소재] 범주화 방식에 따라 달라질 수 있는 법 해석

[해석]
입법자들은 자신들이 정확히 무엇을 의미하는지를 분명히 함으로써 문제로부터 판사를 배제하려고 시도할 수 있다. 예를 들어, 그들은 바퀴 및 엔진이나 모터가 달린 물체로 정의되는 어떤 탈것이라도 공원에 반입하는 것은 위반이라고 말할 수도 있다. 이제 더 명확한데, 예를 들어 자전거와 유모차는 괜찮지만, 전동 스케이트보드는 그렇지 않다. 물론 이것과 관련된 문제는 규칙을 만드는 사람들은 그들이 배제하고 있는 비정형적인 탈것의 사례를 생각하지 않을 수도 있다는 것인데, 사람들이 범주를 생각할 때 가장 많이 떠올리는 것은 전형적인 항목이다. 그 결과, 엔진이 달린 휠체어를 탄 사람이나 배터리로 구동되는 장난감 자동차를 탄 어린이에게 너무 안타깝게도, 그들은 이제 공원 입장이 금지된다. 그런데, 여러분의 설상차는 바퀴가 없기 때문에 이제 겨울철에 완벽히 합법이다. 범주가 이런 식으로 명시적으로 규정되면, 판사는 도움이 되는 방식으로 규칙을 해석하려고 노력할 가능성이 줄어든다. 분명히 입법부는 설사 그 법이 어리석은 결과를 초래하더라도 자신이 원하는 것을 알고 있었다.

[해설]
탈것의 공원 반입 허용 여부에 관한 법을 예시로, 입법자가 입법 대상의 범주를 명시적으로 규정했을 때 판사의 법 해석을 방해할 수 있다는 내용의 글이다. 따라서 빈칸에 들어갈 말로 가장 적절한 것은 ①이다.
② 즉각적인 조치가 필요한 사안을 우선시함
③ 위법성에 대한 구체적인 기준을 설정함
④ 공정한 중재자의 필요성을 강조함
⑤ 사법 제도로부터의 독립을 지지함

[구문]
- For example, they might say [that **it** is a violation {to bring any vehicle, defined as any object with wheels and an engine or motor, into the park}].
→ [ ]는 say의 목적어 역할을 하는 명사절이고, 그 안의 it은 형식상의 주어이며, { }는 내용상의 주어이다.
- Of course, the problem with this is [that the rulemakers might not think of atypical examples of vehicles {that they are ruling out}]: ~.
→ [ ]는 is의 주격 보어 역할을 하는 명사절이고, 그 안의 { }는 atypical examples of vehicles를 수식하는 관계절이다.

[어휘 및 어구]
- equation (여러 가지 요소들을 고려해야 하는) 문제, 상황
- define 정의하다
- powered 전동의, ~을 (동력으로) 이용하는
- atypical 비정형적인
- rule out ~을 배제하다
- motorized 엔진이 달린
- prohibit 금지하다
- legal 합법인
- category 범주
- explicitly 명시적으로
- interpret 해석하다
- consequence 결과

34. 　　　　　　　　정답 ④

[소재] 경제학의 순수 이론과 응용 이론의 차이

[해석]
순수 이론과 응용 이론 사이의 전통적인 차이는 익숙하다. 한 가지 뚜렷한 차이는 응용 이론 논문은 구체적인 실생활

경험 현상을 출발점으로 삼는다는 것인데, 그것을 설명하는 것이 그 논문의 존재 이유이다. 그렇지 않으면 응용 이론 논문은 정책적 문제에 의해 동기 부여될 수도 있는데, 이론의 행사가 정책적 규정을 내놓을 것으로 기대된다. 순수 이론 논문은 이러한 의욕이 부족하다. 다르게 말하면 응용 이론 논문은 개념적 또는 기술적 혁신을 목표로 하지 않는데, 그것은 기존 모형(그리고 이를 분석하는 기존 방법)을 가져와 당면한 구체적인 경제 상황에 맞게 그것을 조정한다. 그에 비해, 순수 이론 논문은 보통 우리 모형의 축적을 확장하거나 기존 모형에 대한 우리의 개념적 및 기술적 이해를 발전시키려는 의욕을 가지고 있으며, <u>이러한 모형과 구체적인 경제 현실 간의 정확한 대응을 고집하지 않는다.</u>

[해설]
경제학의 순수 이론과 응용 이론의 차이에 관한 글이다. 빈칸의 내용을 고집하지 않는다는 것으로 보아, 빈칸에는 구체적인 실생활 경험 현상을 설명하고 당면한 경제 상황에 맞게 조정하고자 하는 응용 이론의 특징이 언급되어야 하므로, 빈칸에 들어갈 말로 가장 적절한 것은 ④이다.
① 경제 모형 형성에 미치는 세계 정치의 영향
② 경제적 의사 결정을 둘러싼 윤리적 고려 사항
③ 데이터 분석에서의 기술적 진보를 위한 모형의 적용
⑤ 학제 간 협업을 통한 실행 가능한 통찰력 습득

[구문]
■ One distinction is [that an applied-theory piece has concrete real-life empirical phenomena as a starting point]; explaining them is the piece's raison d'être.
→ [ ]는 is의 주격 보어 역할을 하는 명사절이다.
■ By comparison, a piece of pure theory usually has the ambition [to expand our arsenal of models or advance our conceptual and technical understanding of existing models], without insisting on the exact mapping between these models and a concrete economic reality.
→ [ ]는 the ambition을 구체적으로 설명하는 to부정사구이다.

[어휘 및 어구]
■ distinction 뚜렷한 차이
■ piece 논문, 조각
■ concrete 구체적인
■ phenomenon 현상 (*pl.* phenomena)
■ alternatively 그렇지 않으면, 그 대신에
■ prescription 규정, 규칙, 법규
■ ambition 의욕, 야망
■ conceptual 개념적인
■ existing 기존의
■ by comparison 그에 비해
■ expand 확장하다
■ advance 발전시키다
■ insist on ~을 고집하다, ~을 강조하다

35. 정답 ④

[소재] 대본 작성 시 유념해야 할 점

[해석]
대본은 '완벽할' 필요가 없는데, 영화가 개봉될 때까지 실제로 결코 완성되지 못하기 때문이다. 대본 수정, 장면 조정, 대사 변경은 개발, 제작 전, 제작, 심지어 제작 후 과정 전반에서 이루어진다. 따라서, 여러분에게 정말로 필요한 것은 ('완벽한' 대본은 존재하지 않으므로) 완벽한 대본이 아니라, 오히려 읽기 쉽고 제작에 적합한 대본(단어 사용이 효율적이고, 오타가 없으며, 쉽게 '시각화'될 수 있는 대본)이다. 만약 여러분이 몇 개의 대본 초안을 완성했고 이제 여기저기서 단어 몇 개를 수정만 하고 있는 상황이라면, 그러면 그것은 거의 완성된 것이다. 또 다른 좋은 방법은 그저 대본에서 잠시 벗어나는 것인데, 몇 주 동안 그것을 치워 두고 다른 일에 집중한 후에 처음 대본을 다

시 철저히 읽어 보라. (원본 대본은 작가의 능력, 즉 그들의 기술, 강점, 재능이 제공하는 것을 보여 주기 위해 사용되는데, 이것으로 인해 그들은 제작자나 배급사에 의해 고용될 수 있다.) 이 과정에서 여러분은 변경이 필요한지 알아낼 수 있고(그리고 그 변경 사항이 무엇인지 더 쉽게 알아낼 수 있고) 또는 '있는 그대로' 그것이 잘되고 있다는 느낌을 받을 수 있을 것이다.

[해설]
영화가 개봉되기 전까지 대본은 계속 수정된다는 점에서, '완벽한' 대본이 아닌 읽기 쉽고 제작 준비가 된 정도의 대본을 작성할 필요가 있다는 내용의 글이다. 따라서 원본 대본에서 작가의 능력을 보고 작가를 고용할 수 있다는 내용의 ④는 글의 전체 흐름과 관계가 없다.

[구문]
■ So, [what you really need] isn't a perfect script (because a "perfect" script doesn't exist), but rather a readable production-ready script (one [that is efficient with word use, lacks typos and can be "visualized" easily]).
→ 첫 번째 [ ]는 문장의 주어 역할을 하는 명사절이고, 두 번째 [ ]는 one을 수식하는 관계절이다.
■ Another great way is [to simply take a break from your script]: [put it away for a few weeks] and then, [after focusing on some other projects, give that initial script a full read].
→ 첫 번째 [ ]는 is의 주격 보어 역할을 하는 to부정사구이다. 두 번째와 세 번째 [ ]는 and로 연결되어 명령문을 이룬다.

[어휘 및 어구]
■ finalize 완결하다, 최종 승인을 하다
■ release 개봉하다
■ adjustment 조정
■ efficient 효율적인
■ complete 완성하다
■ draft 초안
■ identify 알아내다, 확인하다

36. 정답 ⑤

[소재] 패턴의 미래 예측 가능성

[해석]
특성은 패턴이다. 패턴은 미래를 예측하는 데 도움이 되므로 우리는 미래에 대비할 수 있다. (C) 그래서 특성은 자기 자신보다 오히려 다른 사람을 설명하는 데 유용하다. 누구나 다른 사람이 미래에 어떻게 행동할지 예측하는 일을 하기 때문에 모든 사람은 다른 사람의 현재와 과거 행동에서 패턴을 보고 싶어 한다. (B) 여러분은 이러한 패턴을 기반으로 추론할 수 있는데, 다음에 무엇을 예상할지 알기 위해 그렇다. 심리학에서 널리 반복되는 진리는 '미래 행동을 가장 잘 예측하는 것은 과거의 행동이다'라는 것이다. 여러분 자신에 관해서는 이것은 무관한 말이다. (A) 여러분은 미래에 어떻게 행동할지 결정할 수 있고, 과거에 여러분이 어떻게 행동했는지를 바탕으로 미래에 어떻게 행동할지 예측하려고 애씀으로써 얻을 수 있는 것은 그리 많지 않다. 다른 모든 사람에 관해서는 여러분이 통제하지 못하므로 여러분은 예측할 필요가 있다. 여러분 자신의 성격 특성에 관한 일련의 신념을 갖는 것은 실용적 가치가 거의 없다.

[해설]
특성은 패턴이고, 미래를 예측하고 대비하는 데 패턴이 도움이 된다는 내용의 주어진 글 다음에, 그래서 다른 사람의 미래 행동을 예측하는 데 그들의 현재와 과거의 행동 패턴을 보고 싶어 한다는 (C)가 이어져야 한다. 그다음에는 (C)의 내용을 심리학에서 널리 반복되는 진리로 재진술하고 있는 (B)가 이어지고, 패턴을 통한 미래 예측 가능성은 자기 자신에게는 해당하지 않는다는 (B)의 마지막

문장에 대한 이유를 설명하는 (A)가 그 뒤를 잇는 것이 글의 순서로 가장 적절하다.

[구문]
■ You can decide how to act in the future, and there is not much to be gained by trying to predict [how you will act in the future] based on [how you have acted in the past].
→ 두 개의 [ ]는 각각 predict와 전치사 on의 목적어 역할을 하는 명사절이다.
■ [Having a set of beliefs about your own personality traits] **has** only a little pragmatic value.
→ [ ]는 문장의 주어 역할을 하는 동명사구이고, has는 술어 동사이다.

[어휘 및 어구]
■ trait 특성
■ personality 성격
■ psychology 심리학
■ irrelevant 무관한
■ current 현재의

37. 정답 ④

[소재] 물체 간의 에너지 상호 작용

[해석]
세계는 별개의 물리적 물체로 채워지고 있다고 생각된다. 이러한 물체는 공간 사이를 이동하여 서로 접촉할 수 있다. (C) 그것들의 운동은 내부 또는 외부의 에너지원에서 끌어온 에너지에 의해 구동된다. 운동으로 인해 힘에 의한 물리적 접촉이 발생하면, 에너지는 움직이는 것으로부터 영향을 받는 물체로 전달되고, 그로 인해 그것은 추가적 상호 작용에 참여하도록 움직이게 된다. (A) 에너지 전달이라는 개념은 행동 연쇄의 형태를 취한다. 행동 연쇄에서 첫 번째 물체는 접촉하여 두 번째 물체로 에너지를 전달한다. 후자는 차례차례 세 번째 물체와 접촉하도록 움직여지고, 이는 다시 에너지 전달을 야기하여, 에너지가 서서히 소멸하여 물체가 멈출 때까지 (에너지 전달은) 계속된다. (B) Langacker는 행동 연쇄에 대한 우리의 이해는 우리가 당구공의 (움직임의) 진행을 인지하는 방식과 비슷하기 때문에 이 모델을 당구공 모델이라고 부른다. 아주 간단히 말해, 세계는 개체 간의 에너지 상호 작용에 의해 그것의 속성이 변화하는 것으로 이해된다.

[해설]
별개의 물체는 공간 사이를 이동하여 서로 접촉할 수 있다는 내용의 주어진 글 다음에, 그 물체의 움직임을 에너지 전달의 개념으로 설명하는 (C)가 이어져야 한다. 그다음에는 이 에너지 전달을 행동 연쇄 차원에서 구체적으로 설명하는 (A)가 이어지고, 이 행동 연쇄를 당구공에 비유한 모델을 소개하며, 세계는 개체 간의 에너지 상호 작용의 관점으로 이해된다고 결론을 내리는 (B)가 이어지는 것이 글의 순서로 가장 적절하다.

[구문]
■ These objects are capable of [moving about through space] and [making contact with one another].
→ 두 개의 [ ]는 and로 연결되어 전치사 of의 목적어 역할을 한다.
■ Their movement is driven by energy, [which is drawn either from internal or from external resources].
→ [ ]는 energy에 대해 부가적으로 설명하는 관계절이다.

[어휘 및 어구]
■ populate 채우다, 거주하다
■ object 물체
■ be capable of ~을 할 수 있다
■ make contact with ~과 접촉하다
■ conception 개념
■ transmission 전달

■ chain 연쇄, 고리
■ transfer 전달하다
■ in turn 차례차례
■ gradually 서서히, 점진적으로
■ comparable 비슷한
■ in a nutshell 아주 간단히[분명히] 말해
■ contemplate 이해하다, 생각하다
■ entity 개체
■ internal 내부의
■ external 외부의
■ forceful 힘에 의한, 강제적인
■ impact 영향을 미치다
■ set ~ in motion ~을 움직이게 하다

38.　　　정답 ③

[소재] 적응도 비용과 적응도 이익

[해석]

에너지는 줄(joule) 단위로 측정될 수 있고, 에너지 사용률은 와트(watt) 단위로 측정될 수 있다. 이러한 의미에서 우리는 여러분이 집에서 얼마나 많은 양의 전기를 사용하는가와 같은 에너지 비용에 관해 이야기할 수 있다. 그러나 이것은 생명 원리의 설명과 관련된 것과 같은 비용이 아니다. 여기서 우리는 적응도 비용에 대해 이야기하고 있고, 적응도에는 이익도 있을 수 있다. 게다가 내가 말하는 '적응도'는 한 동물이 더 많이 단련됐기 때문에 경쟁자보다 '신체적으로 더 적응력 있다'는 것이 아니다. 토끼는 거북이보다 더 건강하기 때문에 더 빨리 달리는 것이 아니다. 진화적 의미에서 적응도는 한 동물이 얼마나 많은 유전자를 후대에 성공적으로 전달하는지를 측정하는 척도이다. 만약 동물에게 이러한 잠재력이 위태로워지는 것과 같은 어떤 일이 발생하면 그것은 적응도 비용으로 간주된다. 만약 어떤 일이 그 잠재력에 유리하게 작용한다면, 그것은 적응도 이익이다. 이상적인 세계는 존재하지 않지만, 그러한 세계에서는, 적응도 이익이 적응도 비용보다 더 클 때 동물에게 적응이 일어난다.

[해설]

'fitness'의 중의적 의미를 가지고 동물의 적응도 비용과 적응도 이익을 설명하는 내용의 글이다. 주어진 문장은 진화적 의미에서의 적응도(fitness)에 해당하는 내용이고, 이를 ③ 다음 문장에서 '이러한 잠재력(this potential)'으로 지칭하며 적응도 비용에 대한 설명을 이어 가고 있다. 따라서 주어진 문장이 들어가기에 가장 적절한 곳은 ③이다.

[구문]

■ Moreover, by *fitness* I do not mean [that one animal has trained more and is therefore "physically fitter" than its rival].
→ [ ]는 mean의 목적어 역할을 하는 명사절이다.
■ In an ideal world, [which does not exist], adaptation occurs in animals when fitness benefits outweigh fitness costs.
→ [ ]는 an ideal world를 부가적으로 설명하는 관계절이다.

[어휘 및 어구]

■ evolutionary 진화적(인), 점진적인
■ successfully 성공적으로
■ transfer 전달하다
■ generation 세대
■ electricity 전기
■ associated with ~과 관련된
■ hare 토끼
■ tortoise 거북이
■ potential 잠재력
■ compromise 위태롭게 만들다
■ adaptation 적응
■ outweigh 더 크다[중요하다]

39.　　　정답 ④

[소재] 디지털 인간의 실존적 경험

[해석]

실존적 경험은 의미 찾기를 수반한다. 의미와 의미 형성은 미디어, 종교, 문화 분야에서 중요한 핵심어이다. 따라서 디지털 문화에 실존적으로 접근하는 것은 종교의 의미 형성과 매개적 특성, 그리고 미디어의 종교적이고 의례적 특성에 대한 더 폭넓은 이해의 필요성에 대한 이 분야의 강조에 기반할 수 있다. 그리고 바로 일상적인 디지털 탐색을 통해 공동체적으로 의미를 형성하기 위해 고뇌하고 노력하는 (공)존자로서의 디지털 인간에게 주목하는 것은 미디어와 종교 분야에서 의례와 공동체에 주어지는 관심과 관련된다. 죽음이나 상실이 닥쳤을 때, 실존적 경험에는 일반적으로 '무의미한 것', 즉 고통, 불안, 추방, 외로움, 일시 중단이 포함된다. 그러나 결국 소셜 미디어 환경은 때때로 세상을 회복시키기 위한 중요한 의식적 수단을 제공한다. 예를 들어, 온라인 지지 집단에서 공존자들은 '취약함을 나누'면서 말 그대로 생명줄로서의 인터넷에 의존한다. 이러한 집단은 끝이 안 보이는 슬픔과 의미 상실에 직면했을 때 예측 가능한 패턴과 실존적 안정감을 제공한다.

[해설]

종교의 의미 형성 및 매개적 특성과 관련하여, 공동체적으로 의미를 형성하고자 하는 디지털 인간의 실존적 경험에 관한 글이다. ④ 바로 앞의 문장에서 죽음이나 상실이 닥쳤을 때 고통, 불안, 외로움 등과 같은 '무의미한 것'을 느끼는 실존적 경험을 언급하고 있으므로, 주어진 문장이 ④에 들어가서 이러한 상황과 분명한 차이가 있는 소셜 미디어 환경을 제시한 다음, 그 사례인 온라인 지지 집단을 설명하는 것이 자연스럽다. 따라서 주어진 문장이 들어가기에 가장 적절한 곳은 ④이다.

[구문]

■ And [focusing on digital humans as (co-)existers, {struggling and striving precisely through digital everyday navigations to make meaning communally}], **connects** with the attention [paid to rituals and community in the field of media and religion].
→ 첫 번째 [ ]는 문장의 주어 역할을 하는 동명사구이고, 그 안의 { }는 (co-)existers를 부가적으로 설명하는 분사구이며, connects는 술어 동사이다. 두 번째 [ ]는 the attention을 수식하는 분사구이다.

[어휘 및 어구]

■ in turn 결국
■ crucial 중요한
■ ritual 의식[의례]적인
■ existential 실존적인
■ approach 접근하다
■ draw on ~에 기반하다, ~에 의존하다
■ mediate 매개하다, 중재하다
■ quality 특성
■ precisely 바로, 정확히
■ communally 공동체적으로
■ interruption 일시 중단, 방해
■ support group 지지 집단
■ security 안정
■ bottomless 끝이 안 보이는
■ grief 슬픔

40.　　　정답 ②

[소재] 서사적 수필과 허구 단편 소설에서 이야기의 용도

[해석]

서사적 수필은 때때로 허구 단편 소설과 혼동된다. 하지만 수필 작가와 단편 작가는 이야기를 다르게 사용한다. 수필가는 생각을 제기하거나, 상세히 설명하거나, 분명히 보여 주거나, 극적으로 보이게 하거나, 또 다르게는 명확하게 하려고 이야기를 사용한다. 허구 단편 소설은 이야기의 세부 사항을 그 자체를 위해 포함하는데, 이야기는 그 자체로 우리가 그 이야기로부터 끌어낼 수도 있는 그 어떤 생각보다 우선한다. 그것은 강조의 문제이다. 예를 들어, Orwell의 '코끼리를 쏘다'는 Orwell(또는 가상의 화자)이 어떻게 코끼리를 쏘게 되었는지에 대한 이야기로 주로 구성되어 있다. 그것은 Orwell의 버마(미얀마)에서 (식민지) 경감으로서의 경험을 바탕으로 한다. 비록 그 사건이 이야기로서 상당한 흥미가 있지만, (순수한 사실이든 일부 허구이든) 그것을 말할 때 Orwell의 주된 목적은 제국주의에 관한 생각을 제기하는 것이다. Orwell은 그 생각을 수필에서의 이야기 부분 중간쯤에서 명시적으로 제시하고, 그는 그 수필의 결론에서 자기 생각을 다시 논한다.
→ 서사적 수필은 이야기를 <u>주제 탐구</u>를 위해 사용하고, 허구 단편 소설은 스토리텔링 그 자체를 위해 이야기를 <u>우선시한다</u>.

[해설]

서사적 수필과 허구 단편 소설에서 이야기를 사용하는 목적이 서로 다르다는 내용의 글이다. 서사적 수필에서는 수필가가 전달하고자 하는 주제를 탐구하기 위해 이야기를 사용하지만, 허구 단편 소설에서는 이야기 그 자체를 가장 우선시한다는 내용이므로, 빈칸 (A), (B)에 들어갈 말로 가장 적절한 것은 ② '주제 탐구 - 우선시한다'이다.
① 주제 탐구 - 해석한다
③ 등장인물 논평 - 각색한다
④ 독자 참여 - 분석한다
⑤ 독자 참여 - 구성한다

[구문]

■ ~, Orwell's primary purpose in telling it (whether pure fact or part fiction) is [to advance an idea about imperialism.]
→ [ ]는 is의 주격 보어 역할을 하는 to부정사구이다.
■ **That idea** Orwell presents explicitly midway through the narrative portion of the essay, ~.
→ That idea는 presents의 목적어 역할을 하는 명사구인데, 강조를 위해 문두로 이동한 것이다.

[어휘 및 어구]

■ narrative 이야기, 서술
■ employ 사용하다
■ advance (아이디어·이론 등을) 제기하다
■ elaborate 상세히 설명하다, 정교하게 만들다
■ illustrate 분명히 보여 주다, 예증하다
■ clarify 명확하게 하다
■ for one's own sake 그 자체를 위해
■ take precedence over ~보다 우선하다
■ emphasis 강조
■ consist of ~으로 구성되다
■ police inspector 경감
■ considerable 상당한
■ imperialism 제국주의
■ explicitly 명시적으로
■ conclusion 결론

[41~42]　　　정답 41. ② 42. ⑤

[소재] 생존에 유리한 시뮬레이션 선택 전략

[해석]

누군가는 미래에 사용되거나 사용되지 않을지도 모르는 엄청난 수의 경로를 미리 계산하는 데 시간과 에너지를 소비하는 것보다 필요할 때 최적의 경로를 계산하는 것이 더 효율적일 것이라고 주장할 수도 있다. 그러나 이러한 전략은 에너지 소비 측면에서 효율적일지라도 긴급 상황에서는 치명적일 수도 있다. 예를 들어, 여러분이 자신의 굴에서 멀리 떨어진 들판에서 풀을 뜯고 있는 토끼라고 가정해 보자. 여러분은 여우가 여러분을 향해 돌진하고 있다는 것을 깨달으면, 가능한 최단 경로를 이용해 집으로 달려가야 한다. 이러한 상황에서 최적의 경로를 계산하는 데에는 시

간이 너무 오래 걸릴 수도 있다. 1~2초의 지연으로 여러분은 목숨을 잃을 수도 있다. 고급 시뮬레이션 선택은 여러분이 임의의 출발지와 여러분의 굴 사이의 최적의 탐색 경로를 파악할 수 있도록 대비시킬 것이다. 그러므로 시간과 에너지가 많이 들더라도, 임의의 출발지에서 몇몇 목표 위치까지의 최적의 경로를 각각의 환경에서 제시하는 것은 생존에 유리할 수 있다. 더욱이 환경은 역동적으로 변할 수도 있다. 여러분의 경로를 막던 무성하고 빽빽한 풀은 겨울이 되면 사라질 수도 있고, 폭우가 내린 후 여러분이 가장 선호하던 경로에 깊은 물웅덩이가 생길 수도 있다. 그렇다면 여러분의 최적의 전략을 계속 유지하는(→ 갱신하는) 것이 생존에 유리할 것이다. 그러지 않으면 육상 이동을 하는 종은 장기적으로 생존하지 못할 수도 있다.

[해설]

41. 필요할 때마다 최적의 경로를 계산하는 것은 긴급 상황에서는 치명적일 수 있고 환경은 역동적으로 변할 수도 있기에 최적의 경로를 미리 준비하는 것이 생존에 유리하다는 내용의 글이다. 따라서 글의 제목으로 가장 적절한 것은 ② '생존을 위한 최적의 시뮬레이션 선택을 준비하라!'이다.
① 자신감을 가지고 여러분 자신의 여정을 탐색하라!
③ 예전 방식에 새로운 생명 불어넣기: 종(種)이 생존하는 법
④ 효율성은 야생 동물의 협업 행동에서 중요하다!
⑤ 전략적인 선택이 모든 사람에게 필요한 것은 아닐 수 있다

42. 가장 선호하던 경로에 역동적인 환경적 변화가 생길 수도 있기 때문에 최적의 전략을 그대로 유지하는 것이 아니라 계속 갱신하면서 미리 준비하는 것이 생존에 유리할 것이다. 따라서 (e)의 maintaining을 updating과 같은 낱말로 바꾸어야 한다.

[구문]

- One might argue [that **it** would be more efficient {to compute the optimal trajectory as necessary} rather than {spending time and energy in advance to figure out an enormous number of trajectories ⟨that may or may not be used in the future⟩}].
→ [ ]는 argue의 목적어 역할을 하는 명사절이다. 그 안의 it은 형식상의 주어이고, 첫 번째 { }는 내용상의 주어이며, 두 번째 { }는 그 비교 대상이다. 두 번째 { } 안의 ⟨ ⟩는 an enormous number of trajectories를 수식하는 관계절이다.
- For instance, let's assume [that you are a rabbit {grazing on a field away from your burrow}].
→ [ ]는 assume의 목적어 역할을 하는 명사절이고, 그 안의 { }는 a rabbit을 수식하는 분사구이다.

[어휘 및 어구]

- efficient 효율적인
- compute 계산하다
- graze 풀을 뜯다
- optimal 최적의
- in advance 미리
- figure out ~을 계산하다, ~을 생각해 내다
- enormous 엄청난, 거대한
- strategy 전략
- emergency 긴급 상황
- circumstance 상황
- identify 파악하다, 발견하다
- advantageous 유리한
- dynamically 역동적으로

[43~45]

정답 43. ⑤ 44. ③ 45. ③

[소재] 어리석은 지식 경쟁의 결과

[해석]

(A) William에게는 한때 Jay라는 (자신보다) 더 나이 많은 친구가 있었다. Jay는 특히 William이 더 어리고 경험이 부족해서 자신보다 지식이 더 부족하다고 생각했다.

어느 날 Jay는 숲에 있는 다양한 생물을 공부하기 위해 William을 숲에 데려갔다. 숲에 있는 동안, 그들은 죽은 황소의 뼈대를 우연히 발견했다. Jay는 William에게 자신이 더 똑똑하다는 것을 증명하기로 결심했다.

(D) Jay는 "나는 이 황소의 뼈대를 죽기 전의 모습 그대로 다시 배열할 수 있어."라고 자랑하기 시작했다. 시간이 좀 걸렸지만, 그는 뼈를 다시 배열하여 황소의 뼈대를 만들 수 있었다. William은 놀랐지만 침착하게 "나는 그 뼈대에 살과 가죽을 더해서 그것을 살아 있는 것처럼 보이게 만들 수 있어."라고 말했다. 그는 자신의 지식을 활용해서 그 뼈대에 주문을 외쳤다. 순식간에 황소에 살과 가죽이 붙어 생명이 없는 황소 한 마리가 그들 앞에 누워 있었다.

(C) 그가 이루어 낸 경이로움을 보고, Jay는 자신을 증명하고 싶은 마음이 훨씬 더 간절해져서, "생명이 없는 이 황소를 살아나게 할 수 있는 비법을 알고 있어. 내가 보여줄게."라고 말했다. 이로 인해 William은 걱정이 되었다. 경쟁을 멈춰야 할 때였다. 만약 황소가 살아나면 그것은 그들 모두에게 위험할 것이다. William은 그가 그런 짓을 하는 것을 친절하게 막으려고 애썼다.

(B) 이 말을 들었을 때, Jay는 웃음을 터뜨리며 William을 조롱했다. "넌 너무 어려, 현명한 사람들을 위한 이런 토론에서 빠져." William은 애원해도 소용이 없자 그곳을 떠나 근처 동굴에 숨었다. 그가 사라진 후 Jay는 다시 자신의 지식을 활용하여 주문을 외쳤고, 황소를 다시 살려 냈다. 황소는 일어나 큰 소리로 포효하며 그를 위협했다. 그는 William이 한 충고를 생각해 냈지만 때는 이미 늦었다.

[해설]

43. William보다 나이가 많은 Jay는 William이 자신보다 지식이 더 부족하다고 생각했고, 숲속에서 발견한 죽은 황소 뼈대를 통해 자신의 능력을 증명하려 했다는 내용의 (A) 다음에, 죽은 황소의 뼈대를 재배열하는 Jay와 그 뼈대에 살과 가죽을 붙이는 William의 모습이 묘사되는 (D)가 이어져야 한다. William의 능력을 보고 경쟁심이 더 생긴 Jay가 황소를 살려 내려고 하자 William이 이를 말리는 내용의 (C)가 온 다음, 이런 William을 비웃고 결국 황소를 살려 낸 Jay는 살아난 황소가 그를 위협하자 후회했다는 내용의 (B)가 그 뒤를 잇는 것이 글의 순서로 가장 적절하다.

44. (a), (b), (d), (e)는 모두 Jay를 가리키지만, (c)는 William을 가리킨다.

45. 죽은 황소가 살아나면 William과 Jay에게 해가 될 것이라고 생각한 William은 죽은 황소를 살리지 말라고 Jay를 말렸으므로, 글에 관한 내용으로 적절하지 않은 것은 ③이다.

[구문]

- Jay believed [William had less knowledge than him, especially because he was younger and inexperienced].
→ [ ]는 believed의 목적어 역할을 하는 명사절이다.
- After he was gone, Jay again used his knowledge and chanted, [bringing the bull back to life].
→ [ ]는 주절의 상황에서 비롯된 결과를 나타내는 분사구문이다.
- He [made use of his knowledge] and [performed a chant on the skeleton].
→ 두 개의 [ ]는 and로 연결되어 He의 술어 역할을 한다.

[어휘 및 어구]

- knowledge 지식
- inexperienced 경험이 부족한, 미숙한
- various 다양한
- creature 생물, 생명체
- skeleton 뼈대
- burst out (감정 따위를) 터뜨리다
- no avail 소용이 없는
- chant 주문을 외치다
- roar 포효
- threaten 위협하다
- wonder 경이로움
- eager 간절한

- competition 경쟁
- discourage 막다, 말리다
- show off ~을 자랑하다
- rearrange 다시 배열하다
- flesh 살

제 3 교시

영어 영역

제2회

1번부터 17번까지는 듣고 답하는 문제입니다. 1번부터 15번까지는 한 번만 들려주고, 16번부터 17번까지는 두 번 들려줍니다. 방송을 잘 듣고 답을 하시기 바랍니다.

1. 다음을 듣고, 여자가 하는 말의 목적으로 가장 적절한 것을 고르시오.   24413-0046

① 해산물 요리법을 설명하려고
② 바다낚시 여행을 홍보하려고
③ 마트 운영 시간 연장을 공지하려고
④ 해산물 특별 할인 행사를 안내하려고
⑤ 제철 해산물 섭취의 이점을 알리려고

2. 대화를 듣고, 남자의 의견으로 가장 적절한 것을 고르시오.   24413-0047

① 대학 진학 시 자기 적성에 맞는 전공을 택해야 한다.
② 결정을 하기 전에 여러 사람의 조언을 들어 봐야 한다.
③ 지적 성장을 위해서 다양한 교양 과목을 수강해야 한다.
④ 우선순위에 따라 과제를 처리하면 혼란을 줄일 수 있다.
⑤ 장단점 목록을 작성하는 것은 결정을 내리는 데 도움이 된다.

3. 다음을 듣고, 여자가 하는 말의 요지로 가장 적절한 것을 고르시오.   24413-0048

① 정신 건강을 위해 사회적 지지를 얻는 관계를 유지해야 한다.
② 정신 건강의 회복을 위해서는 충분한 휴식 시간이 필요하다.
③ 배제와 고립을 유발할 수 있는 관계 형성은 경계해야 한다.
④ 관계를 우선시하다 보면 공적인 일을 소홀히 할 수도 있다.
⑤ 가족은 개인이 정신적 회복을 도모할 수 있는 안식처이다.

4. 대화를 듣고, 그림에서 대화의 내용과 일치하지 않는 것을 고르시오.   24413-0049

5. 대화를 듣고, 여자가 할 일로 가장 적절한 것을 고르시오.   24413-0050

① 박물관 관람 예약하기
② 보물찾기 쪽지 숨기기
③ 체험 학습 장소 선정하기
④ 슈퍼마켓에서 간식 사기
⑤ 스터디 플래너 나눠 주기

6. 대화를 듣고, 남자가 지불할 금액을 고르시오. [3점]   24413-0051

① $54   ② $60   ③ $63   ④ $65   ⑤ $70

7. 대화를 듣고, 여자가 어젯밤에 잠을 자지 못한 이유를 고르시오.   24413-0052

① 부서 이동이 걱정되어서
② 밤새 프로젝트 작업을 해서
③ 전날 낮잠을 너무 많이 자서
④ 새벽에 열린 축구 경기를 봐서
⑤ 우는 아기를 밤새 돌봐야 해서

8. 대화를 듣고, Tower Climb에 관해 언급되지 않은 것을 고르시오.   24413-0053

① 개최 목적   ② 개최 장소   ③ 개최 일시
④ 계단 수   ⑤ 완주 기념품

9. Building a Better Tomorrow Contest에 관한 다음 내용을 듣고, 일치하지 않는 것을 고르시오.   24413-0054

① 전 세계의 사람들이 참여할 수 있다.
② 참가자는 기후 변화, 의료, 신기술과 같은 큰 문제를 다루게 된다.
③ 참가자는 진행된 적이 없는 아이디어나 프로젝트를 제출해야 한다.
④ 평가 기준 중 하나는 아이디어의 참신성이다.
⑤ 우승자는 자금 지원, 멘토의 도움, 자신의 성과를 소개할 기회를 받게 된다.

10. 다음 표를 보면서 대화를 듣고, 여자가 주문할 스마트 물병을 고르시오.   24413-0055

Smart Water Bottles

	Product	Price	Capacity (ml)	LED Glow Reminder	Material
①	A	$50	500	×	plastic
②	B	$55	620	×	plastic
③	C	$70	620	×	stainless steel
④	D	$85	710	○	stainless steel
⑤	E	$95	710	○	stainless steel

11. 대화를 듣고, 여자의 마지막 말에 대한 남자의 응답으로 가장 적절한 것을 고르시오.   24413-0056

① Good idea. It will help get my brain working again.
② Definitely. I was just outside getting some fresh air.
③ Sure. I'd be happy to work on the project with you.
④ That's okay. I don't need to take a break right now.
⑤ No way. We should really get back to work.

12. 대화를 듣고, 남자의 마지막 말에 대한 여자의 응답으로 가장 적절한 것을 고르시오.   24413-0057

① You're right. I should walk looking ahead more carefully.
② Oh, no. Now my shoes and socks are completely soaked.
③ That's true. You need to be more focused when working.
④ Actually, I was just testing if these shoes are waterproof.
⑤ To be honest, I was just following your lead.

13. 대화를 듣고, 여자의 마지막 말에 대한 남자의 응답으로 가장 적절한 것을 고르시오.   24413-0058

Man: _____

① We first need to find out when the building opens.
② The school really needs to add some more buildings.
③ Let's check out the garden outside the building next time.
④ Why don't you ask someone else? I'm not that interested.
⑤ The student lounge. I think I'll be spending a lot of time there.

14. 대화를 듣고, 남자의 마지막 말에 대한 여자의 응답으로 가장 적절한 것을 고르시오. [3점]   24413-0059

Woman: _____

① Okay. I'll ask him for the earphones when he gets back.
② Sorry, but I'm planning to use them myself tomorrow.
③ I'd rather not. I'm worried they'll get lost or broken.
④ No problem. He won't be needing them anymore.
⑤ Don't worry. I can just ask Jacob to lend me his.

15. 다음 상황 설명을 듣고, David가 Susan에게 할 말로 가장 적절한 것을 고르시오. [3점]   24413-0060

David: _____

① Why don't you go hiking in the late afternoon?
② You'd better change the date of your trip for your safety.
③ You should always trust the weather forecast to be accurate.
④ Please consider packing warmer clothes for your hiking trip.
⑤ Are you sure it's safe to hike alone in the mountains?

[16~17] 다음을 듣고, 물음에 답하시오.

16. 남자가 하는 말의 주제로 가장 적절한 것은?   24413-0061

① the use of calendars in ancient agriculture
② the development of architecture in ancient times
③ the application of mathematics in ancient cultures
④ the influence of mathematics on modern technology
⑤ the social status of mathematicians in ancient civilizations

17. 언급된 고대인이 아닌 것은?   24413-0062

① the Egyptians   ② the Babylonians   ③ the Greeks
④ the Mayans   ⑤ the Romans

┌─────────────────────────────────────┐
│ 이제 듣기 문제가 끝났습니다. 18번부터는 문제지의 │
│ 지시에 따라 답을 하시기 바랍니다. │
└─────────────────────────────────────┘

18. 다음 글의 목적으로 가장 적절한 것은?   24413-0063

Dear Mr. Randy Brown,

As I explained on the phone, I received a call from a major client who set up a meeting with all his senior executives and specifically requested my presence to discuss our programs on August 28. The problem was that I already had a meeting arranged for that day in a different location. Although I was able to book a return flight to St. Louis at 5:15 p.m., the timing would have been uncomfortably tight. I greatly appreciate your willingness to reschedule our meeting initially planned for the same day. This change helped me avoid the stress of a tight travel schedule. Thanks to your flexibility, I could attend the meeting with our clients and negotiate for funds. I would again like you to accept my sincere thanks for your excellent and efficient service.

Cordially,
Sarah Walker

① 비행시간 조정 가능 여부를 확인하려고
② 자원봉사 활동 지원 자격에 대해 문의하려고
③ 회의 일정을 변경해 준 것에 대해 감사하려고
④ 프로그램 설명을 위해 회의 참석을 요청하려고
⑤ 회사 내 긴장 완화 프로그램 마련을 건의하려고

19. 다음 글에 드러난 'I'의 심경 변화로 가장 적절한 것은?   24413-0064

We went back to Kuwait, where our four children were waiting for us impatiently. They were so happy to see us both coming back, safe and sound. We were full of hope and happiness at the news we had just received. I was looking forward to telling my children about our new plan. When I saw my kids, I couldn't restrain my emotions. Tears streamed down my face, and I made no effort to wipe them away as they dripped from my chin. Overwhelmed in that moment of reuniting, the harsh reality struck me: I would have to leave both of our daughters behind in Kuwait. They were considered overage to join us, according to the American embassy and immigration laws. After the last drop of tears they noticed my worries; then I told them about the fact that they were going to be alone. I had been left with no choice or any idea how long it would take for them to get the petition numbers from the American embassy, and when they would be able to be with us.

* petition: 청원

① calm → excited
② fearful → relieved
③ delighted → anxious
④ nervous → frustrated
⑤ encouraged → regretful

20. 다음 글에서 필자가 주장하는 바로 가장 적절한 것은?   24413-0065

Teamwork is effective when all members honestly recognize individual talents and utilize them together in a supportive framework. Teamwork also requires an environment that allows group sharing of rewards, recognition, and applicable commissions. Teams sharing the reward are more likely to share the burden of earning the reward. However, the focus must remain on the customer and on the team cooperation for the good of the client, not on the financial benefit. Focusing on the residual financial splitting may lead to greed or jealousy and create emotional responses that can be divisive and destructive to a team. Keep the focus on the client and agree ahead of time to split all earnings equally from any resulting business rewards, regardless of perceived personal contributions. With focus on the good of the client, everyone wins.

* residual: 남은, 잉여의

① 팀의 보상은 구성원의 기여도에 따라 공정하게 나누어 분배해야 한다.
② 팀의 보상을 공유하는 방식은 민주적인 논의를 통해 결정되어야 한다.
③ 효과적인 팀워크 구축을 위해 구성원의 역할이 분명히 명시되어야 한다.
④ 성공을 위해서는 고객의 만족뿐만 아니라 직원의 만족도 고려해야 한다.
⑤ 팀워크는 고객의 이익을 우선하여 창출된 이익을 공유할 때 효과적이다.

21. 밑줄 친 Nor, by any means, does the toll stop there.가 다음 글에서 의미하는 바로 가장 적절한 것은? [3점] `24413-0066`

It is instructive to compare the number of human beings—currently nearing 6.9 billion, with about 250,000 more arriving every day—with the number of our fellow 'higher' mammals that still remain. Virtually all those that are large, dangerous, edible and/or profitable enough to attract our attention now number in the tens of thousands at very most. There remain perhaps 414,000 great apes, all species combined, in the wild; about 3,200 tigers; guesses for African lions centre on 20,000; and in the case of most whale species, a few hundred thousand. The last four remaining white rhinos in the wild were killed in Kenya by poachers in 2008. Considering a world of 11 billion people by 2150, 'all of whom will continue to occupy space, drink water, burn energy, consume solid resources, produce wastes, aspire to material comfort and safety for themselves and 2.0 children, and eat', it is very hard to disagree with David Quammen: 'Call me a pessimist, but when I look into that future, I don't see any lions, tigers, or bears'. Nor, by any means, does the toll stop there.

* edible: 식용 가능한 ** poacher: 밀렵꾼

① It is not ethical to restore extinct species.
② The human population will decrease soon.
③ Human efforts to conserve biodiversity will continue.
④ All large mammals including humans will fight for resources.
⑤ Other species are also at risk of extinction due to human activities.

22. 다음 글의 요지로 가장 적절한 것은? `24413-0067`

Suppose that a number of people, previously unknown to each other, want to agree in advance on some principles to try to ensure fairness in the arrangements of the society in which they will all be living. They want to do this because they recognize that all sorts of situations may come up in which it is not clear what constitutes fair treatment of individuals by society. If someone comes by a large amount of money through luck, should that person be free to pass on the benefit entirely to their children without any contribution towards the wider good? If a child is born with serious disabilities, should society try to compensate that person in some way? Should society collectively take responsibility for seeing that those in serious need of medical treatment receive such treatment? And so on. If some general principles could be agreed in advance, this might at least give some further basis for approaching specific issues.

① 사회적 합의를 지나치게 강조하는 사회는 개인의 고통을 돌아보지 못한다.
② 사회의 공정성 유지를 위해 사전에 정한 원칙은 문제 해결에 도움이 된다.
③ 사회적 불평등 해소를 위한 다양한 배경과 관점이 필요하다.
④ 평등한 기회 제공은 개인의 잠재력 발휘에 유리한 사회 구조를 만든다.
⑤ 사회적 약자를 돌보려는 노력은 진정한 공정성 확보를 위한 필수 과제이다.

23. 다음 글의 주제로 가장 적절한 것은? `24413-0068`

There is no denying that ageism can sometimes undermine a relationship you are trying to develop. For example, a very young worker at the beginning of their career may meet with a much older person who may be tempted to disregard their expertise and potential effectiveness simply on the grounds of age and assumed inexperience. By contrast, a much older worker, when trying to work with a younger person, may find that they represent a parent figure so strongly that the young person 'puts up the shutters' and refuses to have anything to do with them. There are no easy ways around this. Sometimes it is a question of how 'cases' are allocated within an agency. What is important, however, is that you will need to raise these issues directly and try to talk about the 'blocks' that are being put up, in the hope that by airing them they can gradually be removed, and a trusting relationship established. That will be a challenge to your communication skills admittedly, but until the 'block' is identified it will not be possible to move forward.

* undermine: 훼손하다 ** expertise: 전문적 지식 *** allocate: 배정하다, 배치하다

① limitations of resolving conflicts through communication
② the potential for collaboration among different generations
③ the need for communication to address the challenges posed by ageism
④ the necessity of creating various adaptation programs for new employees
⑤ factors that hinder intergenerational communication within an organization

24. 다음 글의 제목으로 가장 적절한 것은? `24413-0069`

For decades we have been teaching literacy strategies based on what we know about proficient readers and writers. This is important work. Yet, when we reconceptualize literacy strategies as life strategies, then self-literacy, or better understanding yourself, becomes a key goal of every literacy lesson. Self-literacy is the knowledge of your body and your mind and how the two work together to support your thoughts, emotions, movements, and health. Self-literacy is power. It's nothing short of a miracle that we wake up every morning and our bodies know how to keep our heart beating, our lungs breathing, and our brain working. But we all wake up and experience life differently. When you know yourself, you feel stronger at everything—school, work, sports, friendships, life. When students understand themselves, they can make their way through the world with a deeper knowledge of who they are, who they will be, and how they connect to others in meaningful ways.

* proficient: 숙달된

① Obstacles to Cultivating Self-Literacy
② Connecting Learners Through Literacy Instruction
③ Self-Literacy as a Fundamental Goal of Literacy Learning
④ Exploring the Distinction Between Literacy and Self-Literacy
⑤ Behind the Pages: Unpacking the Challenges of Literacy Education

25. 다음 도표의 내용과 일치하지 <u>않는</u> 것은?

24413-0070

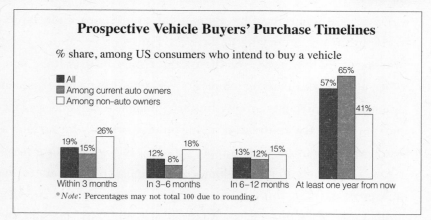

Prospective Vehicle Buyers' Purchase Timelines

% share, among US consumers who intend to buy a vehicle

■ All
■ Among current auto owners
□ Among non-auto owners

	Within 3 months	In 3–6 months	In 6–12 months	At least one year from now
	19% 15% 26%	12% 8% 18%	13% 12% 15%	57% 65% 41%

Note: Percentages may not total 100 due to rounding.

The above graph shows prospective vehicle buyers' purchase timelines. ①Among all US consumers who intend to buy a vehicle, 57% plan to make their purchase at least one year from now, while 3–6 months is the least popular timeline, at just 12%. ②Among respondents who intend to buy a new vehicle at least one year from now, the percentage of current auto owners is higher than that of non-auto owners. ③As for the purchase timelines, respondents who do not own a vehicle outnumber current car owners in their intent to purchase within 3 months, in 3–6 months, and in 6–12 months. ④The percentage of non-auto owners intending to buy a new vehicle within 3 months exceeds the percentage of respondents who do not own a vehicle and intend to buy one in 3–6 months. ⑤Among current auto owners, the share of those planning to buy a new vehicle in 6–12 months is more than a third of those planning to do so at least one year from now.

26. Benjamin Bradley에 관한 다음 글의 내용과 일치하지 <u>않는</u> 것은?

24413-0071

Benjamin Bradley was born to an enslaved family in Annapolis, Maryland in 1830. By the time Benjamin was a teenager, he worked in a printing office. Soon, his mechanical skills and ingenuity became clear: he built a steam engine out of a gun barrel using common metals and nearby junk. His abilities impressed his owner, John T. Hammond, who got him a job at the Department of Natural and Experimental Philosophy at the Naval Academy in Annapolis. He worked as a classroom assistant in science, helping to set up and conduct experiments. While at the Naval Academy, he developed a steam engine powerful enough to run a warship. This steam engine could propel a warship at over 16 knots an hour, and Benjamin was the first person to develop it! Unfortunately, as a slave, Benjamin couldn't patent his engine. He could sell it, though, and he did! Those proceeds were used to buy his freedom for $1,000 from Hammond, and by 1859 aged 29, Benjamin was free.

* gun barrel: 포신(대포의 몸통) ** knot: 노트(1시간에 1해리를 달리는 속도)
*** proceeds: 수익금

① 십 대에 인쇄소에서 일했다.
② John T. Hammond는 그에게 해군 사관학교에서의 일자리를 구해 주었다.
③ 군함을 시속 16노트 이상으로 추진할 수 있는 증기 기관을 개발했다.
④ 노예 신분이어서 자신의 엔진을 팔 수 없었다.
⑤ 1,000달러를 지불하고 29세에 자유를 얻었다.

27. Lifestyle for Environment Drawing Contest에 관한 다음 안내문의 내용과 일치하지 <u>않는</u> 것은?

24413-0072

Lifestyle for Environment Drawing Contest

Are you passionate about saving the Earth? Then get ready for a fun drawing contest! The contest is open to students in grades 4 and 5.

Theme: Say No to Single-Use Plastic

Date: October 22

Place: Kalam Science Center (Millennium Hall)

Contest Guidelines:
1. Drawings must be on A4 size paper.
2. Participants must bring their own drawing materials. Any medium may be used for drawing.
3. The copyright of drawings remains with the participants.
4. Participants must have their school ID to register.

Registration begins at 9:00 a.m.

① 4~5학년 학생들을 대상으로 한다.
② 대회 주제는 일회용 플라스틱 사용 거부이다.
③ 그림의 규격은 A4 크기여야 한다.
④ 주최 측이 지급하는 그림 재료만 사용해야 한다.
⑤ 등록은 오전 9시에 시작된다.

28. Multi-Sport Camp에 관한 다음 안내문의 내용과 일치하는 것은?

24413-0073

Multi-Sport Camp

Our camp is a fun opportunity for kids to get out, play and make new friends!

Camps focuses on:
• Age-specific skill development
• Competitive games and contests
• Leadership, teamwork, support and a positive attitude
• Professional coaching
• All skill levels

Activities include: Baseball, Soccer, Golf, Basketball, Tennis, Hockey

Details
• Age: 10–13 years old
• Dates: Monday–Friday (October 7–11)
• Time: 9:00 a.m.–12:30 p.m.
• Price: $199 per person, per week ($120 per each sibling)
* Snacks and drinks are included. Transportation to and from the camp is extra.

Register now online at www.sbmsc.com!

① 활동에 농구는 포함되어 있지 않다.
② 10세 미만의 어린이를 대상으로 한다.
③ 캠프는 오후 12시 30분에 시작한다.
④ 각 형제자매당 120달러이다.
⑤ 캠프를 오가는 교통비는 무료이다.

29. 다음 글의 밑줄 친 부분 중, 어법상 틀린 것은? [3점]   `24413-0074`

Undoubtedly, one of the most difficult skills to learn is how to keep a discussion focused. ① It is your task as chair to keep the discussion on track without appearing rude or domineering. If you do not do this, there is bound to be a growing feeling that the real purpose of the meeting is not ② being achieved. One useful 'trick of the trade' is to thank people for their contributions so far, to remind them of what the main issues are ③ what they need to decide on, and to draw their attention to aspects of the topic that have not yet been discussed. Towards the end, you can ask if anyone else wishes to contribute before you call for a vote. In extreme cases, you will need to be very ④ assertive and to remind people of the ground rules whereby they agree to listen to each other without interruption, and to avoid being domineering. On occasion, you may need to address the person who is being domineering, thanking them for making their point so clearly, but ⑤ asking them to sit back for a while to allow other members of the group to put their points forward.

* domineering: 군림[지배]하려 드는   ** contribution: 의견 제시

30. (A), (B), (C)의 각 네모 안에서 문맥에 맞는 낱말로 가장 적절한 것은?   `24413-0075`

Over the last several decades, the number of white-collar workers and the average worker's education level have increased substantially. These better-educated and white-collar workers value autonomy and personal growth at work. As a result, attempts have been made to (A) isolate / reorganize the workplace. They have usually included offering workers more interesting jobs, more autonomy, and increased participation in decision-making. A growing number of companies have given workers some freedom to set their own working hours within specified limits. Some have introduced procedures that (B) forbid / allow workers to take part in decisions about production methods, promotions, hiring, and firing. Some companies have even raised wages by sharing profits with workers. After a decade of widespread corporate downsizings, a growing number of companies have begun to ease employee anxiety by guaranteeing job security. All these efforts have significantly (C) boosted / reduced productivity. Apparently, workers are more productive when management treats them as equal partners.

* autonomy: 자율성

	(A)		(B)		(C)
①	isolate	……	forbid	……	boosted
②	isolate	……	allow	……	boosted
③	reorganize	……	forbid	……	reduced
④	reorganize	……	allow	……	boosted
⑤	reorganize	……	allow	……	reduced

[31~34] 다음 빈칸에 들어갈 말로 가장 적절한 것을 고르시오.

`24413-0076`

31. When we are studying ideas, _____ change is the key to finding out what people understood that their predecessors did not. A decade before Galileo's telescopic discoveries, William Gilbert, the first great experimental scientist of the new age, had acknowledged: 'Sometimes therefore we use new and unusual words, not that by means of foolish veils of vocabularies we should cover over the facts with shades and mists (as Alchemists are wont to do) but that hidden things which have no name, never having been hitherto perceived, may be plainly and correctly enunciated.' His book begins with a glossary to help the reader make sense of these new words. Then a few months after Galileo discovered what we call the moons of Jupiter (Galileo does not call them moons, but first stars and then planets), Johannes Kepler invented a new word for these new objects: they were 'satellites'. Thus historians who take language seriously need to search out the emergence of new languages, which must represent transformations in what people can think and how they can conceptualize their world.

* hitherto: 지금까지   ** enunciate: 발표하다   *** glossary: 용어집

① social   ② linguistic   ③ physical
④ technical   ⑤ historical

`24413-0077`

32. As children develop more capacity for organized thought and as they are more influenced by adult conceptions, form and content of paintings become more differentiated for them. During the years from six to eight, they seem primarily concerned with content, focusing their conscious efforts on "telling the story," and generally do not consciously use expressive properties to indicate emotional qualities, even though the topics they choose are very meaningful to them. A visit to the dentist may be painted as brightly as a visit to grandmother. However, even during this time they can respond with understanding and interest to questions and suggestions about the expression and organization of a painting. Later, once the separation of the two strands is well established, between eight and ten, they begin to _____ using the expressive properties of visual-graphic elements consciously and with more variety and subtlety. For example, they consciously employ darker tones of a color to suggest an unhappy mood or intentionally use very smooth and graceful lines to convey elegance.

* strand: 요소, 가닥

① engage in physical play and learn social skills
② understand inference as a source of knowledge
③ make deliberate relations between form and content
④ confuse emotional qualities with factual characteristics
⑤ differentiate between reality and their beliefs about reality

33. Humans typically have all sorts of desires, both long-term and short-term. Right now I want all sorts of things: I want to have a productive day of work, I want to exercise more frequently, and I want my kids to turn down the music they're listening to. Humans are not unique in having desires; all sorts of creatures have them. Take my dog, for example. Sometimes he wants a tummy rub, sometimes he wants to lie peacefully in the sun, and sometimes he wants food. Humans are different from dogs, however, in that we not only have the sorts of desires mentioned above but also _____. To use the American philosopher Harry Frankfurt's terminology, in addition to our *first-order desires* we also have *second-order desires*. Not only do I want to exercise more frequently, but I want to have that desire. On the other hand, as I'm trying to meet a work-related deadline, my desire to spend the day at the beach is making it difficult to concentrate, and I wish I didn't have it. My dog, in contrast, does not care one way or the other about his desires; he just has them. Unlike me, he lacks this capacity for reflective self-evaluation. [3점]

* tummy: 배

① can understand others' desires
② have desires about our desires
③ can regulate conflicting desires
④ develop desires for mental pleasure
⑤ pursue desires from pure reason alone

34. People interpret facts to mean what their story tells them they mean. If someone has a story that life is hard, they will interpret someone else's happiness as delusional, fake, or inappropriate. If a veteran salesman embraces the story that savvy manipulation is the only path to success, he may interpret the success of a young salesman who believes honesty is the best policy as "beginner's luck." If someone embraces a story that it is too late to save our environment, they will interpret facts about recycling as irrelevant or deny them altogether. There are people who believe that there is no hole in the ozone layer and that facts about disappearing rain forests are false propaganda. Facts don't have the power to change someone's story. Their story is more powerful than your facts. As a person of influence, your goal is to _____. [3점]

* delusional: 망상의 ** savvy: 약은, 교묘한 *** propaganda: 선전

① introduce a new story that will let your facts in
② identify errors within what is considered factual
③ demonstrate your ability through skill rather than luck
④ help people with different opinions find common ground
⑤ examine the words of others by judging them against facts

35. 다음 글에서 전체 흐름과 관계 <u>없는</u> 문장은?

Many domesticated animals are smaller than their wild ancestors, an evolutionary trajectory referred to as 'dwarfism'. The now extinct wild cattle (aurochsen), for example, were enormous beasts, and some domesticated cattle are only a fraction of their presumed body weight. ① In a number of domesticated animals, size reduction is especially evident in the skull and its component parts; horns, teeth and mandibles are foreshortened and reduced. ② Such size reduction in many species serves as a primary indicator of domestication. ③ In food plants conversely, a recurrent feature is 'gigantism', in which the seed, fruit, or caryopsis, and sometimes the whole plant, is measurably, and sometimes substantially, larger than its wild ancestor. ④ Sometimes the wild ancestors of cultivated food plants are easily identified but this is not always the case, neither is it always possible to establish the time of domestication. ⑤ Enlarged seeds and fruits are widespread among cereal, pulse and fruit crops, and enlarged whole plants particularly characteristic of some cereals.

* trajectory: 궤적 ** mandible: 하악골, 아랫부리
*** caryopsis: 곡과(벼, 보리, 밀 따위의 열매)

[36~37] 주어진 글 다음에 이어질 글의 순서로 가장 적절한 것을 고르시오.

36.

> Professions typically are marked by their expertise, the services they provide others, and self-regulation. Self-regulation may include not only articulating and enforcing a code of ethics, but also exercising control over qualifications for entering professional practice.

(A) Professionals may find their autonomy restricted by goals established by management, working with others, limited resources, deadlines, and so on. All of this defines the context within which issues of professional ethics arise.

(B) A growing number of professionals work in large organizations. While these organizations themselves depend on professionals, they may have aims quite distinct from those of the professionals. At times those aims come into conflict with what professionals might otherwise want.

(C) These elements combine to place knowledge and power in the hands of professionals and create dependency in those whom they serve. However, there is a further complicating factor.

* articulate: 분명히 말하다 ** autonomy: 자율성

① (A) − (C) − (B)   ② (B) − (A) − (C)   ③ (B) − (C) − (A)
④ (C) − (A) − (B)   ⑤ (C) − (B) − (A)

37. 24413-0082

The acquiescence response bias is the general tendency to agree with a statement regardless of the actual content being measured. Other respondents may use primarily extreme ends of a scale independent of content of the statement.

(A) That inflates their judgment of their actual individualism. The major problem with these reference group biases is that participants will respond not with their own assessments, but what they think meet social approval or what they think is the dominant opinion.

(B) Since the responses may be dominated by these systematic tendencies we know less about the response to the content of the variable being measured. Responses to surveys are also affected by people's tendency to make implicit comparisons to the opinions of the reference groups to which they belong.

(C) Responses therefore are less personal and reflect rather the dominant opinions in reference groups. For example, Japanese respondents in evaluating themselves often self-rank higher on individualism compared to their Japanese reference group. [3점]

* acquiescence 암묵적 동의 ** inflate 부풀리다 *** implicit 암묵적인

① (A) − (C) − (B)   ② (B) − (A) − (C)   ③ (B) − (C) − (A)
④ (C) − (A) − (B)   ⑤ (C) − (B) − (A)

[38~39] 글의 흐름으로 보아, 주어진 문장이 들어가기에 가장 적절한 곳을 고르시오.

38. 24413-0083

Physicists tell us that the fundamental particles of physics are not the small, solid, enduring, spatio-temporally located particles of commonsense, but are in fact a mixture of particles and waves vaguely distributed through a region.

Science conceptualises the ordinary objects and agents of the world very differently from commonsense. Where commonsense assures us that there is a solid wooden table in front of us, physicists tell us there exists a lattice of microscopic particles, punctuated by comparatively large areas of empty space. (①) Where commonsense tells us that rational agents act on their beliefs and desires, science tells us that brain events take place that cause their actions. (②) Philosophical defenders of commonsense do not dismiss science in the same way that they dismiss anti-realist metaphysics. (③) They typically argue for the compatibility of science and commonsense, insisting that the table of commonsense is, despite appearances, identical with the table of physics. (④) But even a superficial knowledge of current science ought to make us aware that this compatibility is far from unproblematic. (⑤) It is not obvious that this scientific conception of matter can be fully harmonized with the commonsense conception of matter. [3점]

* spatio-temporally: 시공간적으로 ** lattice: 격자
*** punctuate: 간간이 끼어들다

39. 24413-0084

This is because the arts and the '3 Rs' (reading, writing and arithmetic) offer different affordances of learning (i.e., differing potentials for representation and communication of different kinds of meaning), all of which are of equal importance.

One way of thinking about the arts is as a language—a means for communicating, expressing. In this sense, the arts are loosely analogous to reading and writing, however the processes are based on different symbol systems. Reading and writing—using alphabetic notation—are the visual representation of the verbal system. (①) Vygotsky described reading and writing as a 'second-order' symbol system that serves as a handmaiden to the 'first-order' symbol systems of drawing and speaking. (②) There is an increasing evidence base that confirms that most children use the 'first-order' symbol systems with great skill in their early years, but these systems often become deemphasised in favour of the 'serious business' of learning the second-order symbol systems. (③) Yet, the arts must not be left behind as 'child's play'. (④) As children progress up the education system, their 'core learning experiences' of painting, drawing, dance and song should be given a central position within the curriculum, alongside reading, writing and arithmetic. (⑤) Indeed, the first-order symbol systems enrich and inform learning in the second-order symbol systems.

* affordance: 행동 유도성 ** analogous: 유사한

40. 다음 글의 내용을 한 문장으로 요약하고자 한다. 빈칸 (A), (B)에 들어갈 말로 가장 적절한 것은? 24413-0085

Social psychological research shows why a positive affirmation is preferred over a negative one. Tell yourself to do something positive rather than to *not* do something negative. It is better to write about the person that you want to become than about the person you want to stop being. Studies have shown that using a negative word in a sentence makes the sentence harder to understand. The danger in using negative statements as affirmations is that they require more mental processing than do positive statements. The negative statement is first seen as true, then falsified by the negative word. When my daughter, Hannah, was a toddler concentrating fiercely on pouring herself a glass of milk, she would usually spill it if I called out, "Don't spill the milk." She understood "spill the milk" first. If she had time she would then process the "don't." But she was concentrating on her task. Before she could fully process the negative sentence, she had reacted to it as if it were positive and spilled the milk. In contrast, warning her to "Be careful" usually produced a spill-free pouring.

* affirmation: 확언, 단언 ** toddler: 유아

↓

Positive affirmations are more ___(A)___ than negative ones since the brain has to work more to ___(B)___ negative statements.

    (A)   (B)
① superficial ······ reduce
② superficial ······ diversify
③ common ······ recall
④ beneficial ······ process
⑤ beneficial ······ forget

[41~42] 다음 글을 읽고, 물음에 답하시오.

Communication that is prejudiced or stereotypic specifically involves the explicit or implicit conveyance of stereotypic beliefs, prejudiced attitudes, or discriminatory intentions. Although prejudiced communication includes blatant forms such as hate speech, written discriminatory policies, and extreme symbolism, a good portion of prejudiced communication is (a) subtle. In the contemporary "politically correct" climate, many individuals recognize social and legal sanctions against blatantly prejudiced communication, so many types of prejudiced communication are (b) less obvious than hate speech and explicit discriminatory policies. For example, when talking to outgroup members, people may close their postures, interrupt, or talk down to outgroup members more than they do when talking to ingroup members. Communicators may not always be consciously aware that these behaviors transmit beliefs that the outgroup is unworthy of greater consideration or is simply (c) inferior, or even that they are conveying feelings of disdain or distrust. Indeed, without a direct comparison between how individuals treat ingroup and outgroup members, onlookers may fail to (d) recognize subtle behaviors as reflecting prejudice. Similarly, verbal communication about outgroup members may not be blatantly prejudiced or discriminatory but still may convey negative thoughts and feelings. For example, people rely upon phrases that subtly convey their prejudices, as well as solidifying intergroup distinctions, simplifying their understanding of the outgroup, and justifying discrimination. A communicator may, for example, claim that an outgroup member is "aggressive" rather than noting that "he hit someone yesterday." The former, abstract characterization provides a stable disposition for predicting future behavior and may help (e) reject dealing with the outgroup through forceful means.

* blatant: 노골적인 ** sanction: 제재 *** disdain: 경멸

41. 윗글의 제목으로 가장 적절한 것은? `24413-0086`

① Understanding the Complexity of Prejudiced Communication
② Challenging Prejudiced Narratives: Transforming Communication
③ A Journey of Rethinking Perspectives for a More Inclusive Society
④ Ingroup, Outgroup, and Beyond: Navigating Social Categorization
⑤ Prejudice and Discrimination: Unveiling Social Injustice

42. 밑줄 친 (a)~(e) 중에서 문맥상 낱말의 쓰임이 적절하지 않은 것은? [3점]
`24413-0087`

① (a)   ② (b)   ③ (c)   ④ (d)   ⑤ (e)

[43~45] 다음 글을 읽고, 물음에 답하시오.

(A)

Sometimes in the busyness of life, creating an ongoing habit can be challenging. To battle this, our family decided that each month, along with doing small daily kind acts, we would focus on four kindness habits. We posted these four habits on our kitchen chalkboard, and we talked about them during our dinner times. Our first monthly habit was to offer encouragement to someone. One evening when I asked for suggestions of who might need to be encouraged, my son told us about one student in (a) his class who had a debilitating illness. * debilitating: 심신을 쇠약하게 만드는

(B)

They decided that sending him movie tickets and a card would be the best thing to do, so my son took out a card and the kids wrote words of encouragement and comfort to a young boy they hardly knew. The next morning my son took the card and some movie tickets to school. (b) He explained to the secretaries what we were doing, and asked if they would mind sending them on to the boy and his family. They readily agreed and thanked my son for his thoughtfulness.

* secretary: 학교 직원

(C)

When my son came home he told us about his experience. He also told us how (c) he felt good for offering encouragement to someone in need of a little support. Encouraging one another and building one another up can be such a simple thing, but it requires us to intentionally recognize the needs around us. Just like my son did for (d) his classmate, we can stop each month to send a little note, to make a phone call, or even just to text someone to let them know that someone cares and has considered their needs.

(D)

The boy was not a close friend of my son, but he had noticed that this boy had missed a number of days from school recently because of his illness. My son asked if we could offer (e) him some cheer. We agreed this would be a great idea, and the kids discussed what might encourage the boy.

43. 주어진 글 (A)에 이어질 내용을 순서에 맞게 배열한 것으로 가장 적절한 것은? `24413-0088`

① (B) – (D) – (C)   ② (C) – (B) – (D)
③ (C) – (D) – (B)   ④ (D) – (B) – (C)
⑤ (D) – (C) – (B)

44. 밑줄 친 (a)~(e) 중에서 가리키는 대상이 나머지 넷과 다른 것은? `24413-0089`

① (a)   ② (b)   ③ (c)   ④ (d)   ⑤ (e)

45. 윗글에 관한 내용으로 적절하지 않은 것은? `24413-0090`

① 가족은 네 가지 친절 습관을 주방 칠판에 게시했다.
② 'I'의 아이들은 자신들도 잘 아는 소년을 위해 격려 카드를 썼다.
③ 학교 직원들은 'I'의 아들의 요청을 흔쾌히 받아들였다.
④ 'I'의 아들은 격려를 할 수 있어서 기분이 좋았다고 말했다.
⑤ 'I'의 아들 반에는 최근 여러 날 결석한 소년이 있었다.

* 확인 사항
○ 답안지의 해당란에 필요한 내용을 정확히 기입(표기)했는지 확인하시오.

2025학년도 대학수학능력시험 EBS 모의평가 문제지

영어 영역

제2회

성명		수험 번호					—				

○ 문제지의 해당란에 성명과 수험 번호를 정확히 쓰시오.

○ 답안지의 필적 확인란에 다음의 문구를 정자로 기재하시오.

희망을 속삭이는 아침이 밝아오니

○ 답안지의 해당란에 성명과 수험 번호를 쓰고, 또 수험 번호와 답을 정확히 표시하시오.

○ 문항에 따라 배점이 다릅니다. 3점 문항에는 점수가 표시되어 있습니다. 점수 표시가 없는 문항은 모두 2점입니다.

※ 시험이 시작될 때까지 표지를 넘기지 마십시오.

한국교육방송공사

2025학년도 대학수학능력시험 EBS 모의평가 문제지

영어 영역

제3회

| 성명 | | 수험 번호 | | | | | — | | | | |

○ 문제지의 해당란에 성명과 수험 번호를 정확히 쓰시오.

○ 답안지의 필적 확인란에 다음의 문구를 정자로 기재하시오.

희망을 속삭이는 아침이 밝아오니

○ 답안지의 해당란에 성명과 수험 번호를 쓰고, 또 수험 번호와 답을 정확히 표시하시오.

○ 문항에 따라 배점이 다릅니다. 3점 문항에는 점수가 표시되어 있습니다. 점수 표시가 없는 문항은 모두 2점입니다.

※ 시험이 시작될 때까지 표지를 넘기지 마십시오.

한국교육방송공사

1번부터 17번까지는 듣고 답하는 문제입니다. 1번부터 15번까지는 한 번만 들려주고, 16번부터 17번까지는 두 번 들려줍니다. 방송을 잘 듣고 답을 하시기 바랍니다.

1. 다음을 듣고, 여자가 하는 말의 목적으로 가장 적절한 것을 고르시오.　24413-0091

① 박물관 입장료 변경을 알리려고
② 박물관 회원 가입을 권유하려고
③ 박물관의 임시 휴관일을 공지하려고
④ 박물관에서 열릴 특별전을 홍보하려고
⑤ 박물관 관람 시 유의 사항을 안내하려고

2. 대화를 듣고, 남자의 의견으로 가장 적절한 것을 고르시오.　24413-0092

① 다양한 요리에 당근 껍질을 활용할 수 있다.
② 당근을 껍질째 먹는 것은 면역력 향상에 도움이 된다.
③ 제철 채소와 과일을 섭취하는 것이 경제적으로도 이롭다.
④ 채소 보관 시 각각에 맞는 적절한 보관 온도를 유지해야 한다.
⑤ 오이는 알레르기를 유발하는 식품이므로 섭취 시 유의해야 한다.

3. 다음을 듣고, 여자가 하는 말의 요지로 가장 적절한 것을 고르시오.　24413-0093

① 감사하는 마음을 전할 때는 구체적으로 표현해야 한다.
② 정신 건강을 증진하기 위해 규칙적인 운동이 필요하다.
③ 감사를 실천하는 것은 정신과 신체 건강에 도움이 된다.
④ 개인의 감사 표현 습관은 공동체의 긍정적 변화에 기여한다.
⑤ 심리적 안정감을 위해 타인과 활발하게 교류하는 것이 좋다.

4. 대화를 듣고, 그림에서 대화의 내용과 일치하지 않는 것을 고르시오.　24413-0094

5. 대화를 듣고, 여자가 할 일로 가장 적절한 것을 고르시오.　24413-0095

① 식재료 주문하기　② 침대 정리하기
③ 요리법 찾아보기　④ 구매 목록 문자로 보내기
⑤ 미술관 입장권 예매하기

6. 대화를 듣고, 남자가 지불할 금액을 고르시오. [3점]　24413-0096

① $23　② $25　③ $29　④ $30　⑤ $34

7. 대화를 듣고, 여자가 회사 카페에서 커피를 사 먹지 않는 이유를 고르시오.　24413-0097

① 커피 섭취를 줄이기 위해서
② 디카페인 커피를 팔지 않아서
③ 커피 맛이 마음에 들지 않아서
④ 인상된 커피 가격이 너무 비싸서
⑤ 업무 시간을 낭비하지 않기 위해서

8. 대화를 듣고, 2024 Science Excellence Award에 관해 언급되지 않은 것을 고르시오.　24413-0098

① 수여 기관　② 참가 자격　③ 참가자 제출물
④ 수상자 발표일　⑤ 상금액

9. Wild Fit Outdoor Exercise Classes에 관한 다음 내용을 듣고, 일치하지 않는 것을 고르시오.　24413-0099

① 자격증을 가진 트레이너가 지도한다.
② 달리기, 근력 운동, 스트레칭 등의 활동이 진행된다.
③ 월요일부터 토요일까지 매일 오전에 열린다.
④ 18세 미만이면 누구나 참여할 수 있다.
⑤ 등록은 5월 1일에 시작된다.

10. 다음 표를 보면서 대화를 듣고, 여자가 구입할 노트북 가방을 고르시오.　24413-0100

Laptop Bags

	Model	Price	Size (inch)	Number of Compartments	Padded Strap
①	A	$45	17	5	○
②	B	$38	15	4	○
③	C	$32	13	3	×
④	D	$28	13	1	○
⑤	E	$23	10	2	×

11. 대화를 듣고, 남자의 마지막 말에 대한 여자의 응답으로 가장 적절한 것을 고르시오.　24413-0101

① I'm sorry. I forgot to buy the ice cream.
② Okay. I'll put it in the freezer right now.
③ I agree. Let's hurry up and go home to eat.
④ Sure. I didn't buy ice cream for our health.
⑤ No worries. We can store it at room temperature.

12. 대화를 듣고, 여자의 마지막 말에 대한 남자의 응답으로 가장 적절한 것을 고르시오.　24413-0102

① Great. You've made a good career choice for yourself.
② I'm sorry. But you'll be able to join the training next year.
③ I see. Thank you for taking the time for the interview today.
④ Of course. There's no limit on how long you can work here.
⑤ Thank you. I'm happy that you're satisfied with the training.

13. 대화를 듣고, 남자의 마지막 말에 대한 여자의 응답으로 가장 적절한 것을 고르시오. [3점] | 24413-0103

Woman: _____

① Okay. I'll get back to you after checking if he's available.

② Calm down. I'll pick him up and call you right away.

③ Thanks. I'll try to make it there before you leave.

④ Great. I'm looking forward to meeting you soon.

⑤ Fine. You can call me when he's ready to come.

14. 대화를 듣고, 여자의 마지막 말에 대한 남자의 응답으로 가장 적절한 것을 고르시오. | 24413-0104

Man: _____

① I see. I won't push myself too hard at work.

② Thanks. I got the new prescription yesterday.

③ Sorry to hear that. I hope you get better soon.

④ You're right. I feel better after taking the medicine.

⑤ I'll follow your suggestion. Thank you for coming with me.

15. 다음 상황 설명을 듣고, Ms. Brown이 Jason에게 할 말로 가장 적절한 것을 고르시오. [3점] | 24413-0105

Ms. Brown: _____

① It's more effective to tackle the difficult problems first.

② You should prioritize carefulness over speed on math tests.

③ Try to improve the speed at which you solve math problems.

④ You'd better focus on finishing the test within the time given.

⑤ Cooperative learning with other students will definitely help me.

[16~17] 다음을 듣고, 물음에 답하시오.

16. 여자가 하는 말의 주제로 가장 적절한 것은? | 24413-0106

① concerns about the loss of marine biodiversity

② utilization of technology for wildlife conservation

③ everyday actions for coexisting harmoniously with wildlife

④ limits to technological solutions to environmental problems

⑤ need for international cooperation to protect the environment

17. 언급된 기술이 아닌 것은? | 24413-0107

① drones   ② 3D printers   ③ satellites

④ mobile apps   ⑤ artificial intelligences

이제 듣기 문제가 끝났습니다. 18번부터는 문제지의 지시에 따라 답을 하시기 바랍니다.

---

18. 다음 글의 목적으로 가장 적절한 것은? | 24413-0108

Dear My Supporters,

Hello there! With your support and encouragement, I've been able to bring you this wonderful adventure story. Your support has gotten me through the long, hard road of writing. As an author, I know just how important reviews are for getting the word out about my work. When you leave a review on online book stores where you bought my book, it helps others discover the book and decide whether it's right for them. Plus, it gives me valuable feedback on what readers enjoyed and what they didn't. So if you've read my book and enjoyed it, I would really appreciate it if you took a moment to leave a review. It doesn't have to be long or complicated—just a few words about what you thought of the book would be incredibly helpful. Thank you so much for your support!

Sincerely
Mark Mills

① 작가의 신작 모험 소설을 홍보하려고

② 서평 쓰기 대회 일정 변경을 공지하려고

③ 책 추천사를 써 준 것에 대해 감사하려고

④ 작가와의 만남 행사에 독자를 초대하려고

⑤ 독자에게 서평을 남겨 달라고 요청하려고

19. 다음 글에 드러난 'I'의 심경 변화로 가장 적절한 것은? | 24413-0109

During the summer of 2007, while visiting an extraordinary museum in Moscow, Russia, as a paleontologist, I reached out and picked up a 50,000-year-old fossil: an isolated horn that once belonged to a Siberian woolly rhinoceros. At that moment, I was filled with awe. I was holding an intimate part of a long-dead animal, which was the particular topic of my research at the time. But no sooner did I examine the horn than I realized that this rhino's death, and indeed the death of its entire species, may have been our species' fault. Here was his horn, on a bottom shelf in an overcrowded museum, surrounded by animated reassembled cave lion skeletons, all lying under an artificial sunset. The setting felt entirely unfair, a harsh reminder of the biological diversity encountered by our ancestors in contrast to our greediness. My decision to pick up that horn suddenly turned into an uncomfortable mixture of embarrassment and guilt. * paleontologist: 고생물학자 ** rhinoceros: 코뿔소

① delighted → scared   ② thrilled → ashamed

③ nervous → relieved   ④ regretful → pleased

⑤ confused → determined

20. 다음 글에서 필자가 주장하는 바로 가장 적절한 것은? [3점] | 24413-0110

Retail is waking up to the fact that more of us are deeply considering our purchasing choices and are seeking items that perform better on a variety of scales. This is an opportunity for the brands, who dutifully market clothes made from recycled PET bottles while they merrily pursue 'business as usual' elsewhere. Of course, we all need to start somewhere, but this misdirection, or 'greenwashing', is something we need to be aware of. Don't take things at face value. Ask questions: Is this 'eco' product really a better choice, or is the company out to make some quick cash out of our concerns? Are these recycled PET clothes really made from recovered ocean plastic? When I wash them, how many microplastic fibres will they shed into my waste water and, ultimately, the ocean? Sometimes the 'eco' choice may not be the deep green choice it appears to be. This responsibility should not be ours alone. Transparency is key, so we can be sure that the recycled PET 'wool' is not being pulled over our eyes in the name of profiteering. * shed: 흘려보내다, 흐르게 하다 ** transparency: 투명성

① 미세 플라스틱 배출의 주범인 합성 섬유 판매를 제한해야 한다.

② 친환경 의류 소재 개발 기업에 대한 정부의 지원을 늘려야 한다.

③ 현명한 소비를 위해 여러 제품의 이모저모를 비교해 보아야 한다.

④ 마케팅 효과를 높이려면 기업은 제품 생산 과정을 모두 공개해야 한다.

⑤ 진정한 친환경 제품 선택에는 소비자의 경계와 기업의 투명성이 필요하다.

21. 밑줄 친 by emphasizing size and shape, they leave out the texture of the leaves or their smell이 다음 글에서 의미하는 바로 가장 적절한 것은?

24413-0111

Data in general exist because someone created them. There are no "raw" data. Someone, be it a corporation, a researcher, or a government, has to decide on a topic of interest (say, leaf shapes and sizes), a question they want to explore (why trees have differently shaped and sized leaves), and how they might go about finding evidence to answer that question (collect leaves from different areas of the world). These are known as the process of data collection from data sources (leaves) by data collectors. In this example, data collectors must decide what characteristic of leaves they want to record, create a ledger (in a computer spreadsheet, or in paper notebook) with all of the recordings of various leaf characteristics, and do their analysis. Perhaps by emphasizing size and shape, they leave out the texture of the leaves or their smell. Data, by their very constitution, necessarily show only a limited perspective of the real world.

* ledger: (은행·사업체 등에서 거래 내역을 적은) 원장

① Data collection is restricted by the collector's intentions and decisions.
② The process of data collection guarantees a complete representation of reality.
③ Researchers can appreciate the full spectrum of nature's beauty and complexity.
④ Data collectors sometimes make the wrong decision when given raw materials.
⑤ Multiple sensory dimensions contribute to a fuller understanding of the subject.

22. 다음 글의 요지로 가장 적절한 것은? [3점]

24413-0112

Refusing to allow an action to continue, as a way of protecting the greater good, is an abstract and gradual way of saying no. This can take the form of an open, public stand of resistance against a larger force—for example, campaigns, protests, and grassroots community-action groups. Every day, destructive oil-sand pipeline construction is blocked by activists; there are protests against the destruction of native people's sacred lands; and campaigners boycott global beverage companies because they create millions of single-use plastic bottles with little regard to their recovery (and these will, frequently, end up breaking down into small pieces, polluting our oceans, being fed by unsuspecting seabirds to their offspring, who will ultimately die due to lack of nutrients or blockages in their guts). Everything in our current extractive and exploitative way of life is linked—the pipeline carries the oil that becomes the plastic bottle—and largely to the detriment of our natural world. Refusing to allow something to continue is incredibly powerful in creating change.

* gut: (특히 동물의) 장[내장] ** exploitative: 개발하는
*** to the detriment of: ~에 해로운

① 토론이 없는 집단의 직접 행동은 사안의 본질을 왜곡할 수 있다.
② 환경 보존에 대한 신념이 견고하면 외부 유혹에 흔들리지 않는다.
③ 잘못된 행위에 반대하는 것이 환경 보호를 위한 변화를 이룰 수 있다.
④ 소셜 미디어를 통해 국가 단위를 넘어선 환경 캠페인을 진행할 수 있다.
⑤ 기업의 상업적 의도를 간파할 수 있어야 건강한 소비 생활에 도움이 된다.

23. 다음 글의 주제로 가장 적절한 것은?

24413-0113

Many of us turn to the media to learn not just what is going on, but also why and what, if any, actions to take. We may read newspaper editorials to understand the actions of national leaders and come to conclusions about whether or not we agree with these actions. We know that financial magazines such as *Money* and *Barron's* are written to appeal to people who want to understand how investment vehicles work and which ones to choose. And we are aware that libraries, bookstores, and some websites specialize in "how to" topics ranging from raising children, to installing a retaining wall, to dying with dignity. Some people who are genuinely confused about some topics find mass media the most useful sources of answers. Pre-teens, for example, may want to understand why women and men behave romantically toward each other but they may feel embarrassed to ask their parents. They may be quite open to different opinions—in *Spiderman*, *Oprah*, Justin Timberlake's music, or *Mad* magazine—about where attraction comes from and what the appropriate behavior is.

① benefits of mass media's attempt to reflect public opinion
② the threat of being exposed to individually tailored news online
③ roles of media in providing information and guidance on various topics
④ differences in people's interpretations of facts conveyed through media
⑤ the effectiveness of mass media in engaging more citizens in public actions

24. 다음 글의 제목으로 가장 적절한 것은?

24413-0114

Indeed, we might consider that resentment is unique within the repertory of emotions. We speak of being "quick to anger," or "falling in love." Hope "springs" eternal. Feelings of shame and humiliation are conditions that happen to people; they imply the passive voice: you *are* shamed, humiliated. In the realm of the emotions, of course, definitions and distinctions are blurry. But it seems as though resentment provides an opening for deliberateness; it invites us to consider it as an emotion well-suited for its strategic deployment toward particular ends, especially for those who, for one reason or another, find themselves with few resources to assert their claims, whose marginal status or demeaned position make it easy for the majority to ignore or discount their grievances. Collective, sustained expressions of resentment can serve to force their claims into the public sphere, if only to say, "We are here!" We might consider resentment, then, as one of James Scott's "weapons of the weak."

* resentment: 분노 ** deployment: 활용

① A Lesson from Resentment: A Turn to the Worse
② Is Resentment Best Categorized as Action or State?
③ Negative Emotions Transfer Faster than Positive Ones
④ Voices of Resentment: Empowering the Disadvantaged
⑤ International Support: A Last Hope for Minority Groups

25. 다음 도표의 내용과 일치하지 <u>않는</u> 것은?   24413-0115

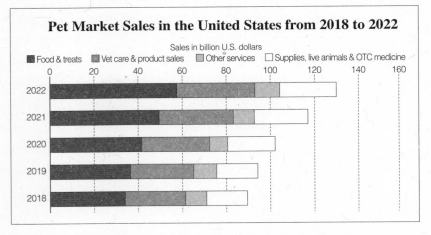

Pet Market Sales in the United States from 2018 to 2022

Sales in billion U.S. dollars

■ Food & treats   ■ Vet care & product sales   □ Other services   □ Supplies, live animals & OTC medicine

The above graph shows the amount of pet market sales in four different pet product categories in the United States from 2018 to 2022. ① The U.S. pet market witnessed consistent growth in total sales throughout the period. ② The highest sales year was 2022, with an increase of approximately 40 billion dollars since the start of the survey in 2018. ③ In the five-year survey, the second highest was the total sales for the year 2021, the most significant amount of which came from 'Vet care & product sales.' ④ In both 2018 and 2019, pet market sales amounted to less than 100 billion dollars. ⑤ In each of the five years, 'Other services' accounted for the lowest share of sales, and 'Supplies, live animals & OTC medicine' accounted for the second lowest.

* OTC (Over The Counter) medicine: (처방전 없이 구매할 수 있는) 일반 의약품

26. Lesser Nighthawks에 관한 다음 글의 내용과 일치하지 <u>않는</u> 것은?   24413-0116

Lesser Nighthawks are small nighthawks with rounded wings and a fairly long tail. In flight, they look long and slim, but when perched they look rather full-bodied with a small, flat head. They have a very small, thin bill that is nearly invisible and tiny legs. It is not until they take flight that a distinctive bar across the wingtips is visible. The bar is white on males and cream colored on females. During the day, Lesser Nighthawks rest, camouflaged on the ground or in a tree or shrub. At dusk and dawn, they fly on wings, skimming the ground and tops of shrubs and trees to capture flying insects with their mouth open. Their flight is butterfly-like as they flap and glide with their wings held in a V. Lesser Nighthawks can be found in deserts, open country, and scrubby areas. They seek out swarming insects, and can be seen feeding in bright lights, such as at sporting events.

* nighthawk: 쏙독새 ** perch: (나뭇가지 위에) 앉아 있다 *** camouflage: 위장하다

① 앉았을 때와 다르게 날 때는 길고 날씬해 보인다.
② 거의 보이지 않을 정도의 매우 작고 얇은 부리를 가지고 있다.
③ 비행을 시작해야만 날개 끝을 가로지르는 뚜렷한 띠가 보인다.
④ 낮에는 땅이나 나무에 위장한 채 휴식을 취한다.
⑤ 밝은 곳에서 먹이를 먹는 모습은 관찰되지 않는다.

27. Be a Nestwatcher에 관한 다음 안내문의 내용과 일치하지 <u>않는</u> 것은?   24413-0117

Be a Nestwatcher

Are you a bird enthusiast? Do you want to contribute to science while learning firsthand about the breeding behaviors of birds? Then join this nationwide bird-monitoring project!

Who: Open to anyone interested in birds
※ Children should always be accompanied by an adult when observing bird nests.

How to participate
1. Simply follow the directions on the website or the mobile app.
2. Find a bird nest using the helpful tips provided.
3. Visit the nest every 3−4 days and record what you see.
4. Report this information by completing the checklist on the website or the mobile app.
※ Please upload visual recordings such as pictures or videos too, if possible.

Project Details
• Your observations should include location, habitat, species, number of eggs, and number of young.
• Researchers will use your observations to understand and study birds better.

To learn more and participate, please visit beanestwatcher.org or download the mobile app.

① 전국적인 관찰 프로젝트이다.
② 관찰 활동 중에 어린이는 항상 어른과 동행해야 한다.
③ 3~4일마다 둥지를 방문하여 관찰한 것을 기록한다.
④ 시각적 기록물을 올리는 것은 필수이다.
⑤ 연구원들은 참가자의 관찰 보고 내용을 활용하게 된다.

28. Adventure Week에 관한 다음 안내문의 내용과 일치하는 것은?   24413-0118

Adventure Week

Adventure Week is an excellent opportunity for children to gain independence as they engage in various cooperative activities!

Date and time: From Monday, August 19, to Friday, August 23, 10:00 a.m. to 4:00 p.m. daily

Location: Vebry Environment Center

Tickets
• First child in family: $100
• Siblings: $90
※ Registration is online at www.eventallaround.com, a popular ticketing service.

Refund Policy
• Contact the organizer to request a refund.
• The fee for using the ticketing service is non-refundable.

Activities
• Team projects in the woods, including a wilderness survival skills workshop
• Cooking using our local ingredients
• Various craft activities and games

We do not provide a pick-up service for your children. Drop your child off at 10:00 a.m. with a packed lunch and suitable clothes, then pick them up again at 4:00 p.m.

① 월요일부터 목요일까지 오전에만 진행된다.
② 가족 중 첫 번째 등록하는 자녀의 등록비는 90달러이다.
③ 온라인 발권 서비스 이용 수수료는 환불 가능하다.
④ 우리 지역 식재료를 활용하는 요리 활동이 포함되어 있다.
⑤ 참가자를 위한 픽업 서비스를 제공한다.

29. 다음 글의 밑줄 친 부분 중, 어법상 틀린 것은?
24413-0119

Marketers seem to be persuaded by the fact that a nose can be a very persuasive sense and are increasingly developing new and innovative ways to ensure consumers are exposed to an array of fragrances. The form that these methods take can vary from scratch and sniff cards to infusion-based in-store displays. Retailers and marketers often utilize fragrance as a means ①to entice and persuade consumers. For example, this is why many supermarkets have a scent of ②freshly baked goods traveling through their stores. Essentially, they wish to trigger positive memories of home environments in order to encourage a happy or comfortable mood. Research supports the plausibility of this approach, given well-founded evidence ③that smells have the capacity to automatically elicit context-relevant, emotionally strong memories. Indeed, a large body of evidence indicates that odor-related memories tend to embody greater emotional impact than ④those produced through other methods of sensory input. Thus the smell of fresh bread ⑤becoming associated with the homely context in which it is made. When the smell is encountered again, the link is there to extract the memory of the pleasantness of home baking.

* infusion-based: 추출 방식의 ** plausibility: 타당성 *** elicit: 끌어내다

30. 다음 글의 밑줄 친 부분 중, 문맥상 낱말의 쓰임이 적절하지 않은 것은? [3점]
24413-0120

Consumers unwilling to boycott often use the so-called "small agent" assumption as a counter argument. Consumers' motivation to participate in a boycott ①decreases the more they are convinced that the importance of their own buying behaviour is small compared to the aggregate buying decision of other consumers. Notably, the small agent problem increases with the number of boycott calls. Since activists can call boycotts easily, quickly, and inexpensively via social media, the number of boycott calls continues to ②grow and consumers are increasingly asked to join a boycott or sign an online boycott-supporting petition. However, this ③provokes choice overload for consumers. Which boycott call is serious and actually relevant? Which calls should they follow? This uncertainty ultimately ④lowers the willingness to participate and the effectiveness of boycott calls. Yuksel and his colleagues provided empirical support that the boycott-choice overload goes hand in hand with the small agent argument. Their study shows an interesting moderated mediation effect: Consumers facing a large boycott-choice-set (compared to a small choice-set) will more likely ⑤reject the small-agent rationalisation. In turn, they are less likely to sign the petition to support a boycott.

* aggregate: 전체적인, 종합의 ** petition: 진정[탄원]서 *** empirical: 실증적인

[31~34] 다음 빈칸에 들어갈 말로 가장 적절한 것을 고르시오.
24413-0121

31.
In addition to aggregating people's values and preferences, democracies can also be very useful as a way of aggregating people's opinions about what is _____. For instance, when lots of nonexperts vote on possible answers to a question, they often arrive at an answer that is just as good as one that an expert would give. In the Galaxy Zoo project, for instance, hundreds of thousands of online volunteers are helping astronomers by classifying the shapes and other characteristics of a million galaxies in distant parts of the universe that astronomers have previously observed through telescopes. Even though a single volunteer might mistakenly classify an astronomical object, when many volunteers look at that same object and vote on how to classify it, the results of the group's votes are extremely accurate, allowing the classification to happen much faster than if it were being done by a handful of experts.

* aggregate: 모으다

① true
② relative
③ practical
④ creative
⑤ generous

24413-0122

32.
Even experienced professionals can be affected by anchoring, an individual's heavy reliance on the first piece of information they receive when making decisions. For example, a young woman came to the emergency department with a sore throat, fever, and body aches. A CT scan showed a mass on her thyroid, and cancer was the initial diagnosis. (Please note that thyroid cancer tends to be overdiagnosed and is uncommon in young people.) She was referred to endocrine surgery for diagnosis and treatment. While waiting to be seen there, she came back to the emergency department repeatedly with worsening symptoms. She was not able to eat or drink, had multiple other symptoms, and was living with a cancer diagnosis. When she was finally evaluated by the endocrine surgery staff, an ultrasound strongly suggested she had an abscess as a result of a bacterial infection. Her treatment went well and her symptoms went away. Had she initially gotten an ultrasound (an inexpensive, noninvasive test), she could have been spared several terrifying weeks. However, the anchor of the cancer diagnosis _____.

* thyroid: 갑상샘 ** endocrine: 내분비의 *** abscess: 농양, 종기

① prepared getting the surgery
② guided subsequent treatments
③ blocked other diagnostic work
④ exposed the severity of the illness
⑤ harmed the surgeon-patient relationship

33. 24413-0123

Lawmakers can attempt to remove judges from the equation by _____. For example, they might say that it is a violation to bring any vehicle, defined as any object with wheels and an engine or motor, into the park. Now it is clearer: bikes and strollers are OK, but powered skateboards aren't. Of course, the problem with this is that the rulemakers might not think of atypical examples of vehicles that they are ruling out: When people think about a category, it is the typical items that most come to mind. As a result, it is too bad for people in motorized wheelchairs or children with a battery-driven toy car, who are now prohibited from the park. And by the way, your snowmobile is now perfectly legal in the winter because it doesn't have wheels. When the category is explicitly defined in this way, judges are less likely to try to interpret the rule in a helpful way. Apparently, the legislature knew what it wanted, even if the law has a stupid consequence. [3점]

* violation: 위반 ** stroller: (어린아이용) 유모차 *** legislature: 입법부

① spelling out exactly what they mean
② prioritizing issues for immediate action
③ establishing specific standards for illegality
④ emphasizing the need for an impartial mediator
⑤ advocating for independence from judicial systems

34. 24413-0124

The traditional distinctions between pure and applied theory are familiar. One distinction is that an applied-theory piece has concrete real-life empirical phenomena as a starting point; explaining them is the piece's raison d'être. Alternatively, an applied-theory paper may be motivated by a policy problem; the theoretical exercise is expected to deliver a policy prescription. A piece of pure theory lacks these ambitions. The flip side is that an applied-theory piece does not aim at a conceptual or technical innovation: it takes an existing model off the shelf (as well as existing methods for analyzing it) and adapts it to the concrete economic situation at hand. By comparison, a piece of pure theory usually has the ambition to expand our arsenal of models or advance our conceptual and technical understanding of existing models, without insisting on the _____. [3점]

* empirical: 경험적인 ** raison d'être: 존재 이유 *** arsenal: 축적[비축], 재고(량)

① influence of global politics on economic model formation
② ethical considerations surrounding economic decision-making
③ adaptation of models for technological advancements in data analysis
④ exact mapping between these models and a concrete economic reality
⑤ acquisition of actionable insights through interdisciplinary collaboration

35. 다음 글에서 전체 흐름과 관계 없는 문장은? 24413-0125

A script doesn't have to be "perfect," because it's never actually finalized until the film is released. Script tweaks, scene adjustments and dialogue changes are made throughout the development, pre-production, production and even post-production process. ① So, what you really need isn't a perfect script (because a "perfect" script doesn't exist), but rather a readable production-ready script (one that is efficient with word use, lacks typos and can be "visualized" easily). ② If you've completed a few drafts of your script and now find yourself only tweaking a few words here and there, then it's probably pretty close. ③ Another great way is to simply take a break from your script: put it away for a few weeks and then, after focusing on some other projects, give that initial script a full read. ④ Original scripts are used to showcase a writer's abilities—what their skills, strengths and talents offer—from which they can be hired by producers or distributors. ⑤ In the process, you'll likely be able to identify if changes are required (and have an easier time identifying what those changes are) or get a sense that it works well "as is."

* tweak: 수정; 수정하다 ** typo: 오자(誤字)

[36~37] 주어진 글 다음에 이어질 글의 순서로 가장 적절한 것을 고르시오.

36. 24413-0126

Traits are patterns. Patterns are helpful for predicting the future, so one can prepare for it.

(A) You can decide how to act in the future, and there is not much to be gained by trying to predict how you will act in the future based on how you have acted in the past. With everyone else you don't have control, so you need to predict. Having a set of beliefs about your own personality traits has only a little pragmatic value.

(B) You can use those patterns to extrapolate, so as to know what to expect next time. A widely repeated truism in psychology is "the best predictor of future behavior is past behavior." With yourself, this is irrelevant.

(C) That's why traits are useful for describing other people, more than oneself. Everyone is in the business of predicting how other people will act in the future, so everyone wants to see the patterns in other people's current and past behavior.

* pragmatic: 실용적인 ** extrapolate: 추론하다 *** truism: 진리

① (A) - (C) - (B) ② (B) - (A) - (C) ③ (B) - (C) - (A)
④ (C) - (A) - (B) ⑤ (C) - (B) - (A)

37.
24413-0127

The world is thought of as being populated by discrete physical objects. These objects are capable of moving about through space and making contact with one another.

(A) The conception of energy transmission takes the form of an action chain. In an action chain, the first object makes contact and thereby transfers energy into the second object. The latter in turn is driven into contact with a third, again resulting in a transmission of energy, and so on until the energy gradually dissipates and the object comes to a stop.

(B) Langacker calls this model the billiard-ball model since our understanding of a chain of action is comparable to the way we perceive the course of a billiard ball. In a nutshell, the world is contemplated in terms of energetic interactions between entities resulting in some change in their properties.

(C) Their movement is driven by energy, which is drawn either from internal or from external resources. When movement results in forceful physical contact, energy is transmitted from the mover to the impacted object, which may thereby be set in motion to participate in further interactions. [3점]

* discrete: (같은 종류의 다른 것들과) 별개의 ** dissipate: 소멸되다

① (A) – (C) – (B) ② (B) – (A) – (C) ③ (B) – (C) – (A)
④ (C) – (A) – (B) ⑤ (C) – (B) – (A)

[38~39] 글의 흐름으로 보아, 주어진 문장이 들어가기에 가장 적절한 곳을 고르시오.

38.
24413-0128

In an evolutionary sense, fitness is a measure of how many genes an animal successfully transfers to future generations.

Energy can be measured in joules, and the rate at which it is used, in watts. In this sense, we can talk of energy costs, such as how much electricity you use in your house. But this is not the same cost as those associated with the rationale of life. Here we are talking about fitness costs, and fitness can have benefits, too. (①) Moreover, by *fitness* I do not mean that one animal has trained more and is therefore "physically fitter" than its rival. (②) The hare does not run faster than the tortoise because it is fitter. (③) If something happens to an animal such that this potential is compromised, it is considered a fitness cost. (④) If something favors the potential, it is a fitness benefit. (⑤) In an ideal world, which does not exist, adaptation occurs in animals when fitness benefits outweigh fitness costs.

* joule: 줄(에너지 단위) ** rationale: 원리의 설명

39.
24413-0129

But in turn, social media environments sometimes offer crucial ritual means for restoring the world.

Existential experiences involve the search for meaning. Meaning and meaning making are important keywords in the field of media, religion and culture. (①) Approaching digital cultures existentially may therefore draw on the field's emphasis on the need for a broader understanding of the meaning making and mediated qualities of religion, and the religious and ritual qualities of the media. (②) And focusing on digital humans as (co-)existers, struggling and striving precisely through digital everyday navigations to make meaning communally, connects with the attention paid to rituals and community in the field of media and religion. (③) When death or loss strikes, existential experiences typically include the 'meaningless'—that is, suffering, anxiety, exile, loneliness, and interruption. (④) In support groups online, for instance, co-existers turn to the internet as a literal lifeline, in *shared vulnerability*. (⑤) These groups provide patterns of predictability and a sense of existential security in the face of bottomless grief and loss of meaning. [3점]

* exile: 추방, 망명 ** vulnerability: 취약성

40. 다음 글의 내용을 한 문장으로 요약하고자 한다. 빈칸 (A), (B)에 들어갈 말로 가장 적절한 것은?
24413-0130

Narrative essays are sometimes confused with fictional short stories. But essay writers and storytellers use narrative differently. Essayists employ narrative to advance, elaborate, illustrate, dramatize, or otherwise clarify an idea. Fictional short stories include narrative detail for its own sake; the story per se takes precedence over any idea we may derive from it. It's a matter of emphasis. Orwell's "Shooting an Elephant," for example, consists largely of the story of how Orwell (or a fictional narrator) shot an elephant. It is based on Orwell's experience as a police inspector in Burma. Although the incident possesses considerable interest as a story, Orwell's primary purpose in telling it (whether pure fact or part fiction) is to advance an idea about imperialism. That idea Orwell presents explicitly midway through the narrative portion of the essay, and he returns to his idea in the essay's conclusion.

* per se: 그 자체로

↓

Narrative essays use stories for ___(A)___, while fictional short stories ___(B)___ narrative for storytelling's sake.

　　　(A)　　　　　　(B)
① theme exploration ······ interpret
② theme exploration ······ prioritize
③ character commentary ······ adapt
④ audience engagement ······ analyze
⑤ audience engagement ······ construct

[41~42] 다음 글을 읽고, 물음에 답하시오.

One might argue that it would be more efficient to compute the optimal trajectory as (a) necessary rather than spending time and energy in advance to figure out an enormous number of trajectories that may or may not be used in the future. Such a strategy, however, may be fatal in emergency situations, even though it would be (b) efficient in terms of energy expenditure. For instance, let's assume that you are a rabbit grazing on a field away from your burrow. When you realize that a fox is charging toward you, you must run back home using the shortest available route. It may take too long to compute the optimal route in such a circumstance. A (c) delay of one or two seconds may cost you your life. Advanced simulation-selection would prepare you to identify optimal navigational routes between an arbitrary starting location and your burrow. Hence, even though it may be time- and energy-consuming, it may be advantageous for survival to (d) represent optimal trajectories from arbitrary starting locations to a few target locations in each environment. Furthermore, the environment may change dynamically. Lush and dense grass that used to block your passage may disappear in the winter, or a deep-water pit may appear on your favorite route after a heavy rain. It would then be advantageous for survival to keep (e) maintaining your optimal strategies. Otherwise, a land-navigating species may not be able to survive in the long run.

* trajectory: 경로, 궤적 ** arbitrary: 임의적인

41. 윗글의 제목으로 가장 적절한 것은? 24413-0131

① Navigate Your Own Journey with Confidence!
② Prepare Optimal Simulation-Selection for Survival!
③ Giving New Life to Old Modes: How Species Survive
④ Efficiency Matters in Collaborative Behaviors of Wildlife!
⑤ Strategic Choices May Not Necessarily Be for Everybody

42. 밑줄 친 (a)~(e) 중에서 문맥상 낱말의 쓰임이 적절하지 <u>않은</u> 것은? 24413-0132

① (a) ② (b) ③ (c) ④ (d) ⑤ (e)

[43~45] 다음 글을 읽고, 물음에 답하시오.

(A)

William once had an older friend named Jay. Jay believed William had less knowledge than him, especially because he was younger and inexperienced. One day, Jay took William to the forest to study the various creatures in it. While in the forest, they came across the skeleton of a dead bull. Jay decided to prove to William that (a) he was smarter.

(B)

At hearing this, Jay burst out into laughter, mocking William. "You are too young. Stay out of discussions for the wise like this one." After William had begged to no avail, he walked away and hid in a nearby cave. After he was gone, Jay again used his knowledge and chanted, bringing the bull back to life. The bull rose up and let out a loud roar, threatening (b) him. He remembered what William advised, but it was too late.

(C)

Seeing the wonders (c) he performed, Jay became even more eager to prove himself and said, "I know of a trick to bring this lifeless bull to life. Let me show you." This worried William. It was time to stop the competition. If the bull came alive, it would be dangerous for both of them. William tried to kindly discourage (d) him from doing such a thing.

(D)

Jay started to show off, "I can rearrange the skeleton of this bull to the exact way it used to be before its death." It took him a while, but (e) he managed to rearrange the bones to form the bull's skeleton. William, though surprised, calmly said, "I can add flesh and skin to the skeleton to make it look alive." He made use of his knowledge and performed a chant on the skeleton. In no time, the bull got flesh and skin, and a lifeless bull lay in front of them.

43. 주어진 글 (A)에 이어질 내용을 순서에 맞게 배열한 것으로 가장 적절한 것은? 24413-0133

① (B) − (D) − (C)   ② (C) − (B) − (D)
③ (C) − (D) − (B)   ④ (D) − (B) − (C)
⑤ (D) − (C) − (B)

44. 밑줄 친 (a)~(e) 중에서 가리키는 대상이 나머지 넷과 <u>다른</u> 것은? 24413-0134

① (a) ② (b) ③ (c) ④ (d) ⑤ (e)

45. 윗글에 관한 내용으로 적절하지 <u>않은</u> 것은? 24413-0135

① Jay는 William을 데리고 숲에 갔다.
② William은 자리를 떠 근처 동굴에 숨었다.
③ William은 죽은 황소를 살리도록 Jay를 부추겼다.
④ Jay는 죽은 황소의 뼈대를 재배열했다.
⑤ William은 죽은 황소 뼈대에 살과 가죽이 붙게 했다.

* 확인 사항
○ 답안지의 해당란에 필요한 내용을 정확히 기입(표기)했는지 확인하시오.